1906—1908
EXPLORATION OF
NIYA SITE

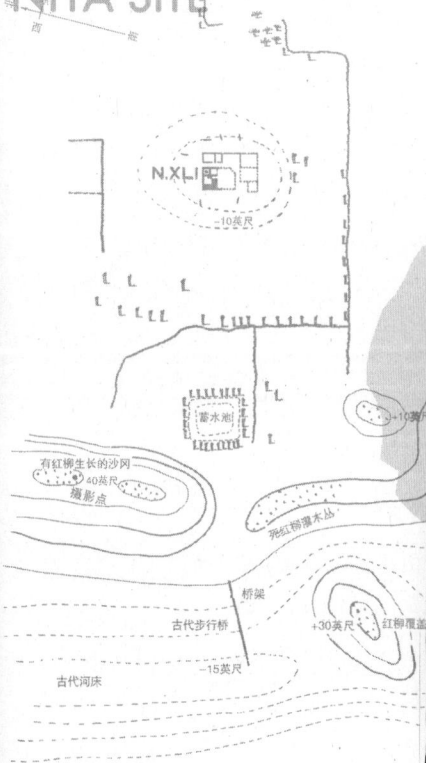

主编：巫新华

西域游历丛书
05

踏勘尼雅遗址

SIR AUREL STEIN

[英]奥雷尔·斯坦因 著

刘文锁 肖小勇 胡锦州 译

GUANGXI NORMAL UNIVERSITY PRESS
广西师范大学出版社
·桂林·

踏勘尼雅遗址
TAKAN NIYA YIZHI

图书在版编目（CIP）数据

踏勘尼雅遗址/（英）奥雷尔·斯坦因著；刘文锁，肖小勇，胡锦州译. —2版. —桂林：广西师范大学出版社，2020.4
（西域游历丛书）
ISBN 978-7-5598-2715-9

Ⅰ. ①踏… Ⅱ. ①奥…②刘…③肖…④胡… Ⅲ. ①文化遗址－考察－尼雅（考古地名） Ⅳ. ①K878.04

中国版本图书馆 CIP 数据核字（2020）第 047845 号

广西师范大学出版社出版发行
（广西桂林市五里店路 9 号　邮政编码：541004）
网址：http://www.bbtpress.com
出版人：黄轩庄
全国新华书店经销
广西民族印刷包装集团有限公司印刷
（南宁市高新区高新三路 1 号　邮政编码：530007）
开本：787 mm × 1 092 mm　1/32
印张：9.625　字数：210 千
2020 年 4 月第 2 版　　2020 年 4 月第 1 次印刷
印数：0 001~8 000 册　　定价：56.00 元

出版说明

1900—1901年、1906—1908年、1913—1916年，英国人奥雷尔·斯坦因先后到我国新疆及河西地区进行探险考古，并先后出版了这三次探险考古报告：《古代和田——中国新疆考古发掘的详细报告》《西域考古图记》《亚洲腹地考古图记》。这三部著作是斯坦因的代表作，较全面地记述了我国新疆汉唐时期的遗迹和遗物，以及敦煌石窟宝藏与千佛洞佛教艺术，揭开了该地区古代文明面貌和中西文明交流融合的神秘面纱。此外，斯坦因还详细描述了深居亚洲腹地的中国新疆和河西地区的自然环境，以及山川、大漠、戈壁、雅丹、盐壳等地貌的种种奇妙景观。斯坦因的著作为人们打开了此前"未知世界"的大门，当时在国际上引起了巨大轰动，西方列强的学者们对此垂涎欲滴，纷至沓来，形形色色的探险家也紧随其后，蜂拥而至。

斯坦因的这三次探险考古活动，足迹遍布塔里木盆地、吐鲁番盆地和天山以北东部地区，几乎盗掘了我国汉唐时期所有重要的古遗址和遗迹，对遗址和遗迹造成了严重破坏，所出文物也几乎被席卷一空，并运往英属印度和英国本土。此外，斯坦因在河西敦煌以及内蒙古额济纳旗黑城等地也进行了大肆的盗掘和劫掠，其中尤以对敦煌石窟宝藏的劫掠最为臭名昭著。可以说，在20世纪30年代之前，斯坦因是我国西部地区古遗址最大的盗掘者和破坏者，是劫掠中国古代文物的第一大盗。斯坦因的上述著作是西方列强侵犯我国主权的铁证，同时也为那段令国人屈辱的历史留下了真实的记录。因此，我们在阅读斯坦因上述著作时，一定要牢记惨痛历史，勿忘国耻。

斯坦因上述三次考古报告都是综合性的学术性专著。为了方便一般读者更多地了解斯坦因在我国塔里木盆地、吐鲁番盆地和天山以北东部以及河西敦煌等地区的发掘工作和搜集文物的情况，我们对上述三次考古报告原著做了一些技术性处理，即删除了一些专业性特别强的内容，将插图进行适当调整并重新编序等。

本册出自《西域考古图记》：1906年10月，斯坦因在尼雅遗址中，出土了大量古代生活用品和办公用品，意外发掘到了佉卢文文书，证实了尼雅遗址就是精绝古国，探讨精绝古国消亡的可能与原因。

目 录

第五章　　史料中的罗布、鄯善与楼兰

第一章

达玛沟一带的遗址

第一节　喀达里克的寺庙遗址

在阿克铁热克遗址的工作完成之后，我于 9 月 22 日离开和田绿洲，继续向东进行考察。我计划中的第一个目标是靠近达玛沟小绿洲的一处废弃的遗址，该遗址我在和田时就收集到关于它的信息。因为在我前一次探险时，曾有一些婆罗米文写的写卷碎片送到了巴德鲁丁汗那里，并通过他又送到马继业爵士那里。当我第一次返回和田时，就调查到了这些写卷据说是由达玛沟一个叫穆拉霍加的小官员，从村子北面不远处沙漠中的一些废墟里挖出来。通过巴德鲁丁汗，我获得了一些保存得很好的用梵文写的菩提叶片。而且当我从山里返回时，我还设法找到了穆拉霍加本人，他一道带回和田的还有一些其他标本。

穆拉霍加经证明并不是一个固定的"寻宝人"，他是一个令人尊敬的村庄官员。大约五年以前，那个带我找丹丹乌里克遗址的老向导买尔根阿合买德，曾极力撺掇他去找寻一些老哈特——正像他以前曾看到我发掘过的那样一种古迹。穆拉霍加欠了于田衙门一大笔钱，并欠有油税税收，因此他极希望找到一个机会，通过这一类的发现物来偿清债务。他找到那些常到达玛沟以北和东边沙漠丛林里打柴的村民，让他们带他去不远处的一些阔纳沙尔。由于在这些被打柴人称作喀达里克（意为有桩子标记的地方）小遗址中的一处遗迹的挖掘，他开始萌生出找寻哈特的念头。意识到将这些东西卖给在和田的印度人和安集延的"白胡子"能赚一些钱，以及将其他一些东西当作古董送给于田按办以赢取其欢心，这个人在最近三年里断断续续进行他的挖掘活动。由于保证给他一笔丰厚的酬劳，加上我在于田衙门的说情，穆拉霍加准备领我去看他在喀达里克及其附近一些小遗址中的发现物的出处。

　　9月23日，我离开了繁荣的策勒绿洲，继续前往马拉克阿拉干，这是达玛沟最北的拓殖点。我初次造访它是在1901年，我知道喀达里克就位于其东面一带。当我沿着固拉合玛和波纳克绿洲北部边缘行进时，一路上我看到就在那些长时期废弃成沙漠丛林的土地上，新的垦殖在向前推进，这些都记在了我的个人旅行记中。次日早晨，在从马拉克阿拉干雇了20多名民工之后，我们向东稍偏南方向出发，通过达玛沟亚尔河流——马拉克阿拉干引水渠正在那附近，之后又走了约3.5英里，经过一片迷宫般的圆锥

图 1　发掘前的喀达里克遗址全景，自南望

形的红柳沙丘，到达了喀达里克遗址。从最后的 0.5 英里路途处起，那满地的陶片就闯入了我的眼帘。

　　喀达里克遗址乍看并没有多少考古学发现的指望。有一块东西向长约 400 码、南北向较窄的小平地，边缘全围绕着一些红柳沙丘（图 1）。地面上部分已被风蚀，其他地方则覆盖着一些低矮的沙丘，除了中部有一两座非常低矮的土墩，上面散布着一些拉毛泥和木材碎块，没有任何的建筑物遗迹。考虑到紧靠着该遗址就是一片仍有人类活动的地域，以及自很早时期以来至目前开发时为止，其间这遗址必曾一直暴露着，对于缺乏像深处大沙漠的丹丹乌里克和尼雅遗址那样夺目的木构房屋和古代果园遗迹，我并不感到太多惊奇。但那个穆拉霍加指示说其写卷系出自该处的大土墩却满目疮痍，看上去其每一层都没能逃脱被盗掘的命运。

我对包括其东面约 0.5 英里处的一处附属性遗物碎屑地在内的整个遗址，做了快速的初步调查之后，即派民工们在靠近土墩南面的一处风蚀凹地上开始发掘起来。在沙子覆盖的斜坡上，立刻就发现了一些从一堵壁画墙上掉下来的小拉毛泥碎块，这里显然是一座佛教寺庙。与这些拉毛泥块一道出土的还有一些小的纸写卷碎片，上面用婆罗米中亚笈多正体字体书写。在半个小时内，第一件重要的哈特从约 2.5 英尺深处被发掘了出来，它呈 3 张几乎完整的纸叶形状，我立刻就认出了它属于佛教梵文经卷中的菩提。接下来这一类的发现物层出不穷，数量也大得多，包括一些附属的叶子，有时候甚至还有来自同一菩提叶片上的小封套，它们大多都已残破，或者仅仅是一些残片。所有写卷都是用婆罗米文书写，但又分属于不同的经卷内容，或者是梵语，或者是那种未知的已为最近的研究确定为起源于伊朗语的古和田语。后者的发现物是一卷写卷，包括 10 张叶片的主要部分，每一张叶片由两页呈黄色的薄纸张组成，背对背地糊在一起，但按照中国印刷书籍那种样式仅在一面书写。与它们一道出土的还有长方形的小木牍，但数量很有限。这些木牍上的文字所用语言并非梵语。到晚上为止，这些种类的发现物的个体数量已超过 100 件。

此外，我还发现了很多贴塑的彩绘拉毛泥块以及彩绘嵌板，在风格和技术上与我 1900 年在丹丹乌里克遗址佛寺中所发现的同类物很接近。这样一来，有关遗址的特征及时代确定在一开始就得到加倍保证，而第一天时我曾经徒劳地在遗址的现场去观看所有的建筑物遗迹。我的发掘自上而下进行，从上面覆盖的沙和灰泥碎屑层直挖到建筑物的原始地面。但到那时为止，关于其形状和范围仍没有留给我任何迹象。然而有一件事却很清楚，即这曾是一座很大的寺庙，而穆拉霍加和他的同伙们的挖掘，并没有弄净很早以前的破坏活动留下的碎屑堆。虽然这一破坏活动搞得很细致，但仍有令人满意的证据显示出这些保存下来的遗物，逃脱了来自火和潮气破坏的厄运。

由于在达玛沟附近地区招募到了一大帮民工，发掘工作一直进行到 9 月 25 日。不久，第一个有关建筑物布局的迹象就显示了出来，那是一排低矮的残破柱子，标志着木材和灰泥墙壁位置之所在。有一些微弱的灰泥台阶的痕迹通到这墙边，表明这堵墙是一座面南的主寺庙的外墙部分。东墙的同样遗迹不久也被揭露了出来，随后又揭露出了用同样材料建的院墙的残余部分。根据这些我得以复原了寺庙的平面图（图 2）。

通过复原显示出，寺庙呈四方形，其外侧东西两面为 75 英尺，南北两面为 73 英尺。四边形的中间是一座内堂，从内侧量起来其

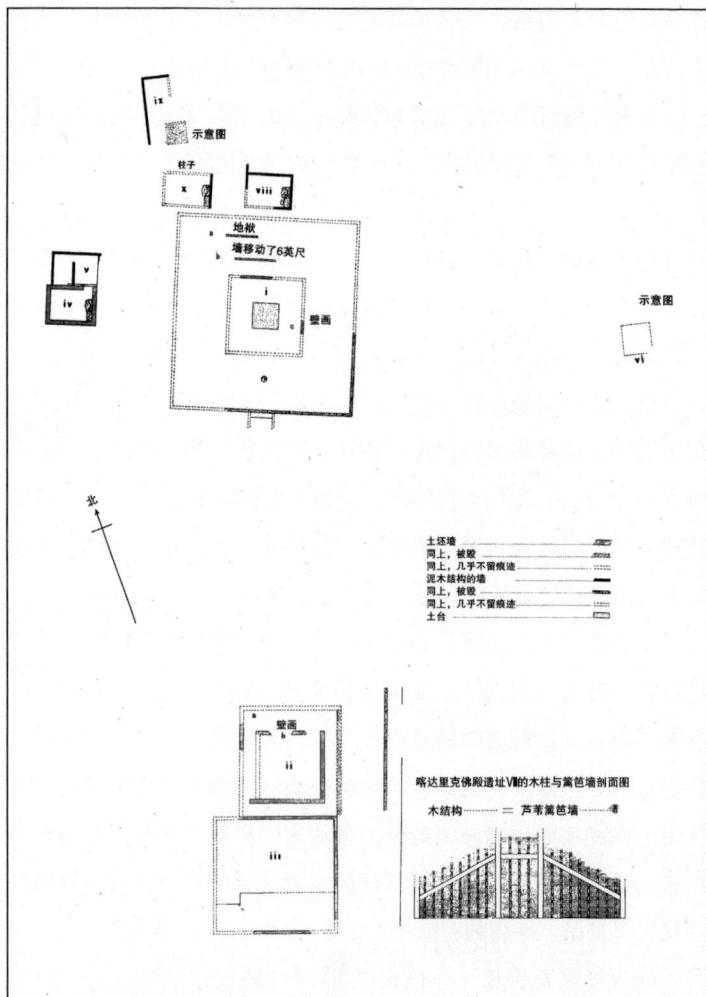

示意图

柱子

地狱

墙移动了6英尺

壁画

示意图

北

土坯墙
同上，被毁
同上，几乎不留痕迹
泥木结构的墙
同上，被毁
同上，几乎不留痕迹
土台

壁画

喀达里克佛殿遗址VII的木柱与篱笆墙剖面图

木结构 二 芦苇篱笆墙 墙

图2　喀达里克主要的佛殿遗址群平面图

边长略超过 28 英尺。内堂中央被一座倾颓得很厉害的基座或台子所占据。其完全倾颓的土堆高出灰泥地面约 2.5 英尺，未保留下一点有关其原始拉毛泥表层的痕迹。外墙与殿堂之间的空间，南北面宽 21 英尺，东西面宽 20 英尺，若从丹丹乌里克及和田地区其他遗址中发掘出的大部分寺庙例子来看，它作为围廊看上去已显得很宽。因此，当寺庙内堂的北面被完全清理出来、暴露出在此外侧空间之中还有明显的隔墙痕迹之后，我并不感到惊奇。那隔墙将殿堂外的空间分成了至少三道同一中心的围廊。

这些隔墙中有一道可以很明确地找到，其遗迹是一根雕刻得很好的大型柱子的基部，安置在北墙外侧的地平面上，其间距离约 6.5 英尺。在与西墙平行的一个相关位置之处，遗存有大量的拉毛泥质墙壁碎块。第二道隔墙必分布在大型拉毛泥质墙壁表层所在之处，那块墙壁尚有 9 英尺长、5 英尺高。墙壁的表层上覆盖有用模板绘制的成排的小佛像，这从图 3 中可以看出来。这些墙壁表层碎块被发现时其绘画面正朝下，躺在与内堂北墙大致相等距离并大致平行之处的地面上。可以确定的绘画图案（它是一种常被用来装饰墙壁下部表面的墙裙图案），发现于更东面相关位置处一些更小型的墙壁的拉毛泥碎块上。最后是我在寺庙内堂南面地面上注意到的一些挖掘痕迹，其分布与外墙平行，可能是为了移动其他基柱所挖掘的结果。

尽管做了所有努力，再加上大量的民工投入工作，在这座庙宇（编号为 Kha.i）中的发掘一直到 9 月 26 日晚上时仍未结束。

图3 喀达里克遗址 Kha.i 寺庙遗迹围廊墙壁上模印的佛像

要清理的沙子和碎屑的量是那样大，而且还需要精心处理大量出土的写卷碎片、拉毛泥塑和彩绘木板碎块以及与它们相混杂在一起的有壁画的墙壁灰泥残块。有大量的证据表明，这些墙壁是用木材和枝条按着在丹丹乌里克遗址寺庙中所使用的那种样式建筑而成，而它们又在一个很早的时期内为了抽取其木材而几乎全部被毁坏。作为它们必曾被细致挖掘过的迹象之一，我可以指出的是墙壁总长度原应超过 900 英尺，而目前在现场保存下来的残壁，仅剩下内堂东墙 c 的一部分，长约 4 英尺，其残存高不足 1.5 英尺。

较大型的木桩和柱子为了便于往其他地方搬运，肯定是在当地加工的。理由是我一次次地遇到了成堆的木工碎屑，这些东西常常与壁柱及其他木件一起，被一些精美的彩绘佛像碎块等物所覆盖。那些文化破坏者在 viii、ix、x 号小房屋中干了不少坏事，他们的勾当在寺庙北面被揭露了出来。那里随后发现了大堆的木料碎屑，看上去像在一个木匠铺子里。从这些碎屑堆分布在仅距原来地面以上 1 英尺或不足 1 英尺之处这一事实来看，我得出了下述结论：在寺庙的废弃与这些盗掘之间，间隔的时间并不很长。从选择这些房间作木匠的作坊这一点来看，也显示出了同样的结论，因为它们后来仍得到了足够的保护，避免了风力或阳光的破坏。

从各个方面来看都很明显的是，对木材的挖掘和剥裂那些彩绘壁板可能都不是出于反对偶像崇拜的意图，要是那样还不如放一把大火烧掉这整个建筑来得既方便又得计。另一方面，同样可以肯定的是，像这样的广泛的破坏也不是现代"寻宝人"或像穆拉霍加的同伙们所干的活计，因为他们会仅仅满足于将那些彩绘木板等物保存下来去卖钱。钱币方面的证据将遗址的废弃时间确定在公元 8 世纪前后，由此我倾向于认为，这座废弃寺庙的挖掘木材时间应是在早期伊斯兰时期。

在这座寺庙遗迹以及周围其他寺庙遗迹中发掘出的发现物，它们在特征与风格上都非常接近，以至于看起来从各种观点上来说，最合适的事就是将我对这些遗物中的主要种类的考察搁在一起，等我对遗址中揭露出来的各种建筑遗迹做完说明之后，再集中叙述它们。接下来我探察的废墟是一座佛教寺庙遗迹，位于第一座寺庙以南约 40 码，其标记是一座低矮的碎屑堆。尽管这座建筑物在规模上要小一些，工作起来却充满了乐趣，而结果也不一样。这座寺庙包括一座长方形的殿堂，外侧有一道围廊。与南面围廊相连的还有一座大厅（图 2, iii）。墙壁大都已倾颓到近地平面处，它们用土坯建造而成，其厚度相对较薄，比起 Kha.i 的那些同类物，它们可以更明确地被辨认出来。木柱子被用来加固墙体，但木头已完全消失，只剩下一些墙洞作为它们曾经被使用过的痕迹。

废物和沙层厚 3~5 英尺，覆盖在殿堂和围廊之上，里面有大量的彩绘拉毛泥碎块，表明这些墙壁上曾有过壁画。但除了在两道入口的西边墙壁上，所有现存的墙壁遗迹都失去了其表层的拉毛泥层。入口处的墙壁残存高约 1.5 英尺，那种拉毛泥层也仅在墙壁两面上保存下来了一部分。两道入口从北面进入殿堂（图 2, ii, b 处）。此外在面朝围廊的墙面上，可以看出光环的下部分，属于现已失去的超过真人大小的画像，而且在这些光环下面还绘有成群的跪着的画像，表现的是一些礼拜者。壁画各处均严重褪色，但在入口西面的大光环之下，仍还显出一个波斯式的瓶子和一朵白色的莲花，其轮廓线优美且醒目，所使用的色彩为粉红色或黑色。在波斯花瓶右面有两对衣着富丽的男子画像，男子双手相合，作祈祷状，他们的高度仅六七英寸。拉毛泥层的极脆弱状况，使我们放弃了移动这些壁画的尝试。

在遗物碎屑中，到处发现有大量的小贴附拉毛泥塑块。其中大部分是碎块，来自围绕着一些大型塑像的装饰光环。它所使用的硬材料是一种灰泥（一种以塑性状态涂布的材料，干燥后变硬，主要被用以涂布室内墙壁、天花板、隔墙等。这种材料通常是在石灰膏或熟石灰中掺入沙、水而制成的，可以在其中添加毛发或纤维以起到提高强固度的作用——译者），这就解释了为什么那些小饰板能保存下来。小饰板表现的都是一些坐或站施无畏印的佛像、飞行中的持花环的乾闼婆以及一些崇拜者随从等（图 4~6），这些小饰板沿着殿堂的北墙发现得特别多。像前一种真人大小的以及巨型佛像的存在，也可从发现的那些手指、手和头部碎块上得到证明，这些东西主要发现于殿堂的东边。在这些塑像碎块上常可看到鎏金的色彩和痕迹。特别有趣的发现物是一些用硬灰泥制作的模子（图 7），用来制作大型椭圆光轮、头发部分，以及大型塑像的衣饰等各种各样装饰物的细部。彩绘的木板碎块尽管在 Kha.i 中发现得很少，但它们像在丹丹乌里克的寺庙中那样，包括若干件明显地存放着作为供奉物的画版。这些画版以及一些木刻碎块包括刻成圆形的坐姿菩萨像（图 8），它们得以保存下来，实在是一件值得庆幸的事。因为在殿堂的西北角和相连的围廊上，一场毁灭性的大火曾在那里发生过。这场火灾在烧成黑色的拉毛泥塑、烧焦的木头以及几乎完全烧毁的纸写卷碎片上面，留下了清晰的痕迹。

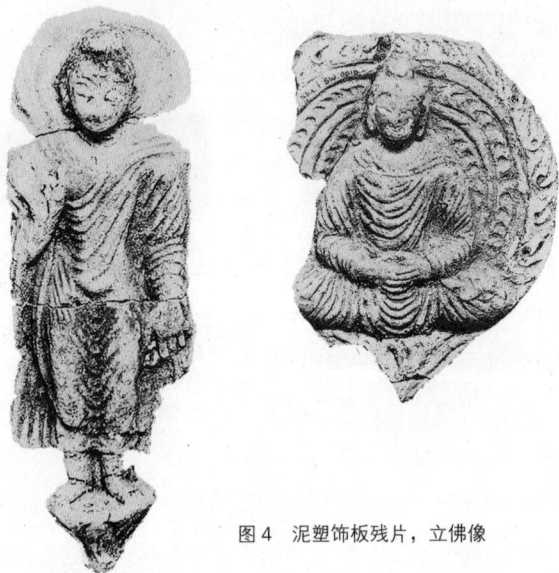

图 4　泥塑饰板残片，立佛像

图 5　泥塑饰板残片，乾闼婆像

图 6 泥塑饰板残片

图 7 陶质饰物

图 8　木浮雕，坐菩萨像

　　但是,让人足以感到惊奇的事也正是在这里。在殿堂入口(图2,ii,b处),我遇到了一小卷写在桦树皮上的梵文菩提叶片,尽管其材料极端脆弱,而且在其附近有一张纸质写卷被烧过,但它却逃脱了厄运。其材料分明指出了它的来源是在印度北部,可能是克什米尔,而从其笺多类型的书写方式上来看,它的时代可追溯到一个相对早的时期。叶片长 10 英寸,宽 3 英寸。在写卷发现物之间特别需要提及的是一些木牍,上面用草体的婆罗米文和一种可能是和田的古伊朗语书写。还有一块用来支持菩提的木板,上面粘贴着一些纸叶子。还有一张损毁得很严重的纸片,上有彩色的小画像。

该遗迹所提供的令人惊奇的有关信仰方面的遗物，是一些用黏土制作的微型窣堵波模型，它们的高度不超过 2 英寸，这一类窣堵波模型在殿堂中发现了约 24 个。它们都很粗糙地制成连续的三级底座、鼓形塔身和穹隆顶形状。在顶上常发现插有一根木杆，是窣堵波上串连伞状物用的杆，而附着在模型上的写字的小纸片，或许是那些虔诚的供养人用来表示窣堵波模型上的旗幡，可能也是在当地制作的其他种类的虔诚供奉物，这可以从一种小型坐佛像的范上显示出来（图 9）。无疑，在此寺庙及其他的遗址寺庙中发现的写卷的大部分，原本作为供奉物放置在那里。但由于挖掘活动扰乱了这些寺庙，我们已不可能弄清楚我所看到的那些常呈小碎片状的写卷（它们来自同一件写卷，在同一座建筑物中被广泛地分成了各自独立的部分）的原始分散程度了。关于此或许取决于下述事实：那放置这些东西的虔诚的信徒，曾经努力用尽可能多的供奉物来贡献给他要表达其敬意的神灵。

但具有更大考古学价值的供奉物是发现的那些中国铜钱，它们发现于围廊西北角中填充的遗物碎屑层的深处。第一批铜钱发现于地面之上，一共 13 枚，均属于唐朝时期。接下来像是要满足我寻找精确的年代学证据的欲望，在很靠近墙角的地方，我又发现了两串保存完整的铜钱，数起来分别为 20 枚和 54 枚，它们仍被其最后的主人用当时的绳子通过中间的方孔串起来。我快速地检查了一下这些钱币，发现除了少量的五铢钱，剩下的都是唐代

图 9 陶范，坐佛像

的钱币，其中最晚的一批是大历年间（公元 766—779 年）发行。所有这些钱币都几乎保存得很好。散落的钱币包括 9 枚乾元（公元 758—760 年）重宝，3 枚大历通宝和 1 枚五铢钱。较小的那串铜钱之中，J. 阿兰先生发现除了 1 枚五铢钱和 1 枚开元通宝（公元 618—627 年间以来的通货），其余为 16 枚乾元重宝和 2 枚大历通宝。第二串铜钱由 2 枚五铢钱、2 枚开元通宝、42 枚乾元重宝以及 8 枚大历通宝组成。

这一类供奉物肯定属于寺庙刚废弃以前的时代，而它们只有是流通货币时才可能被使用。在唐代钱币中，没有任何长期流通的迹象，因此我有把握将整个喀达里克遗址连同其紧邻的同一类型的废墟和遗迹的废弃时代，确定在公元 8 世纪的末期。为了证实这一点，我还可以引证我在遗址其他地方发现的 16 枚中国铜币。它们大部分都发现于靠近 Kha.ii 西侧的地方，其中除了一枚五铢钱，其余皆属于前已提到的唐朝时期。而在废墟附近发现并交给我的 4 枚钱币，没有一枚晚于建中年间。

紧靠着本寺南侧的建筑物遗迹 Kha.iii，经证实是一座单个的厅堂遗迹。它的南面被一座灰泥平台所占据，该平台宽 15 英尺，高出地面 10 英寸，而地面本身又高出 Kha.ii 的地面 2 英尺。平台底部显示有一个粗大的模制物，宽 3 英寸。这个大地方的发现物却很少，除了一块有婆罗米文痕迹、上面仅包括一小块不明用途的孔雀石碟的木板，还有一个浅木碗。在距这座大型寺院西部 11 码处，我随后挖的一条探沟揭露出了一座保存得相对好的小建筑，无疑它曾被用作一座住宅（图 10）。这建筑物的布局是：南部有一间房屋，编号为 Kha.iv，其墙壁是用土坯建成，现在仍有约 5 英尺高；邻近这房屋的北面，还有另一间小房屋和走廊。二者皆是用木材和灰泥墙建筑。南面房屋长约 17 英尺，宽 12 英尺，尚存有用泥土建造的火塘，且在旁边的角落里还有一座灰泥做的坐台。自房顶上坍落下来的椽子和芦苇充斥着房屋内部。

走廊及其背后的小房间的墙壁用木材和枝条建造，上面有水平的芦苇层以便抹表层墙泥。此种建筑方法我发现曾在丹丹乌里克遗址中流行过。在通往 kha.iv 的门道右侧墙壁上有一个小壁龛，深约 1 英尺，表明它曾被用作壁橱。

图 10　喀达里克遗址 Kha.iv 房屋内部，火塘和坐台

　　在 Kha.v 中的发现很少，但有几件很有价值。在一些残破的柱子之间，发现了一对雕刻得很好的木悬臂梁，它们曾用来支撑屋顶。在房间中还发现了一把木钥匙，与此遗址中发现的其他钥匙以及随后在其他地方的发现物很相似。不久我就得到了完满的解释，在走廊外侧地面上发现了一把带有插销和转筒的木锁。在此我只需要提及的是，这种东西与自地中海南岸至莎车、和田和

拉达克等地仍然保存的锁钥是相同的，其使用时间可追溯到古典时代。

对研究古代产业的学者来说，更重要的发现是一大堆棉花种子，它们无可置疑地证明了棉花在和田地区种植的时间是在公元8世纪。从喀达里克到罗布淖尔，我发现了各个种类的大量的古代纺织物，它们正如其专业分析所显示的，经证实是用毛、麻纤维或丝绸来制作的。

接下来在 Kha.i 东面未侵蚀地面上所作的清理，显示出一块灰泥抹的地面，但未发现任何的建筑物遗迹。在此地域的南边缘附近，我们发现了大量的婆罗米文写卷碎片，以及一块写有同样文字的长方形木板。它们明显地被放置在通入一座小寺庙的入口附近，该寺庙墙壁约10英尺见方，在地面上留下了一些空的凹槽线痕迹，表明是地面上的木柱的基础。殿堂的空地上出土了一尊小型的木质立佛像（图11），一个雕刻得很好的带有莲花座的木雕像垫座（图12），一件彩绘木板的残块，另外还有一件保存得很好的纸文书，其两面写的是草体婆罗米文，和它们一同出土的还有一些菩提碎片和写有字的木牍。靠近 Kha.i、Kha.vi 的中部，在某种程度上较后者更靠北的地面上，发现了一个直径7.5英寸、深2英尺的圆洞，仍旧被一个裹有褐色毛织物的木塞子封住，但打开来却发现这个小储藏所里面空空如也。

在 Kha.i 东北约80码远的一块地面上，一些小拉毛泥塑和壁画碎块引起了我的注意。9月29日我让人在这里做了清理，结果

图 11　木雕，立佛像　　　　图 12　木雕，垫座

表明 Kha.vii 曾是一座寺庙之所在。但目前除了抹泥的地面以及上面留下来的墙壁柱础的凹口，什么也没有保存下来。墙壁约 25 英尺见方，标明柱子之所在的凹口深 3 英寸，宽 6 英寸，其底部遗有木材和芦苇的痕迹。在清理殿堂地面时出土的泥塑碎块中，有大量的火焰图案及莲花环装饰物，它们曾是大型椭圆光轮边缘的一部分。这些东西使我得以肯定，这里的装饰风格与 Kha.i、Kha.ii 相同。

较大型一点的拉毛泥塑像，保存下来的只有一块稍大于真人的上面有鎏金痕迹的头部碎块，以及一只模制得很细致的手。大量的微型黏土质窣堵波模型，其高度都在2~3英寸之间，形状上整齐划一，其中图13是一件典型的标本，被紧压在一个角落里。它们都逃脱掉了被毁灭的命运。有趣的是它们都具有一个圆柱体形的最上层基座，被8根圆形支柱支撑着，上面是一个穹隆形顶，穹顶再覆盖一个方形的冠状物，就像在犍陀罗的小石刻窣堵波中所常见到的那样。

清理Kha.i北部四五英尺深的沙层之后，有小型的建筑物立刻就显露了出来，这里正是那些挖掘大型寺庙以窃取木材的人选中的地方。墙壁一律都是用木材和枝条建造，Kha.viii的北墙下部

图13　泥浮雕，佛塔

分保存得很好，使我得以通过其剖面在细部平面图（图2）上描绘出其建筑的形制。在 Kha.viii 中，仍保存下来一间长 17 英尺、宽 12 英尺的房屋，里面有黏土建筑的火塘，在火塘角上有一个抹灰泥的坐台。在坐台前面发现有一个未焙烧过的黏土槽，其用途不明。房间里的一部分地方充满了木工碎屑，高出地面以上约 2 英尺。在其顶部发现了大的但已局部腐烂的纸叶捆，系来自两部我已经提到过的用婆罗米文写的菩提写卷。除了各种各样的其他写卷碎片，我在这里的发现物还包括一些变形的木件，它们毫无疑问属于 Kha.i，包括一件栏杆柱以及两个球形的叶尖饰。小建筑 Kha.x 发现于更靠西的地方，遭受到了更严重的破坏，但从其相同的火塘等的布局上来看，此建筑物也曾经被用作居住之处。该遗迹中除了大量的木工碎屑，唯一的发现物是一块两面绘有一些呈坐姿的神灵画像的木板残块。尽管其色彩已退化得很厉害，但从残存的绘画上仍可看出一些有趣的衣饰细节，它们让人回想起在丹丹乌里克遗址出土的木板上所见到的相同的绘画。

更多遗物及一种变种发现于小废墟 Kha.ix 之中（图14），这处遗迹位于 Kha.x 北面，在其内侧 5 码处。它是首先被发现的。在高出地面以上约 2 英尺的木屑层面上，散布着大量的单个梵文菩提碎片，用给人以深刻印象的大婆罗米文字母写在其原始尺寸约 22 英寸×9 英寸的纸上。还有已完全残破的大量纸卷，包括来自同一写卷的卷成一层层的纸页。而让人感到奇怪的是，这些成层的写卷卷子看上去曾遭受到了比任何附属碎片都更多一些的潮

图 14 喀达里克遗址 Kha.ix 废寺，发掘后，自南望

气的侵蚀。显然，它们都是在遗迹大约已局部被沙子掩埋之后散布在那里的，但关于这个大卷的菩提文书或其局部的原始堆积位置，我还没发现任何明确一点的迹象。然而其散落曾发生在一个较早时期的观点，却为殿堂正北面小建筑物中发现的一小卷纸页所证实。在这个纸卷中，有大的菩提碎叶片，一张狭长的属于另一部梵文写卷的对折纸片，此外还有一件文书的局部，即一张薄

纸片，两面都写有草体的婆罗米文字。

这一类发现物最丰富的地方是一座小佛堂，约 8 英尺见方，地面上抹有灰泥，高出其周围地面约 6 英寸。它没有保存下任何墙壁遗迹，却保存下一些拉毛泥塑的碎块。这些碎块是椭圆光轮的边缘，它们表明了在装饰方面与较大型寺庙极其相似。除了菩提碎片，Kha.ix 中还出土了 6 件写有婆罗米文字的木牍，此外还有一根四个面的小木棍，各面上都写有相同的文字，以及两块狭窄的符木形红柳木片，上面刻写有婆罗米文短题记。特别有价值的是发现了一件狭长的木牍，上面写有吐蕃文字，其左端有突起的封泥印窝，与米兰和麻扎塔格遗址出土的大量的吐蕃文木牍非常接近（图 15）。根据弗兰克博士的解读，在反面上所写的是一位使节的头衔和姓名。与 Kha.vi、Kha.viii 中出土的其他两件吐蕃文木牍一道，这一发现为我们提供了初步的明确证据，证明由公元 8 世纪不同时期的中国史书中所证实的吐蕃入侵者，他们在和田地区并不仅限于一些侵掠。

在这些各种各样的混杂在一起的发现物之中，值得我特别提及的是几件精致的装饰木雕遗物（图 16），它们给人以深刻印象的是其具有犍陀罗艺术的风格。像图 17 之类的叶尖饰以及变形的栏杆柱，很可能是在挖掘活动期间从南面的较大型寺庙中带到这里来，并弃置作无用之物。那种粗柱子也明显地遭受到了这样的命运，它发现于 Kha.ix 的南面，距地面以上仅数英寸高（图 14 显示出这根柱子是直立着的）。这种柱子上面有车出的图案，它在风

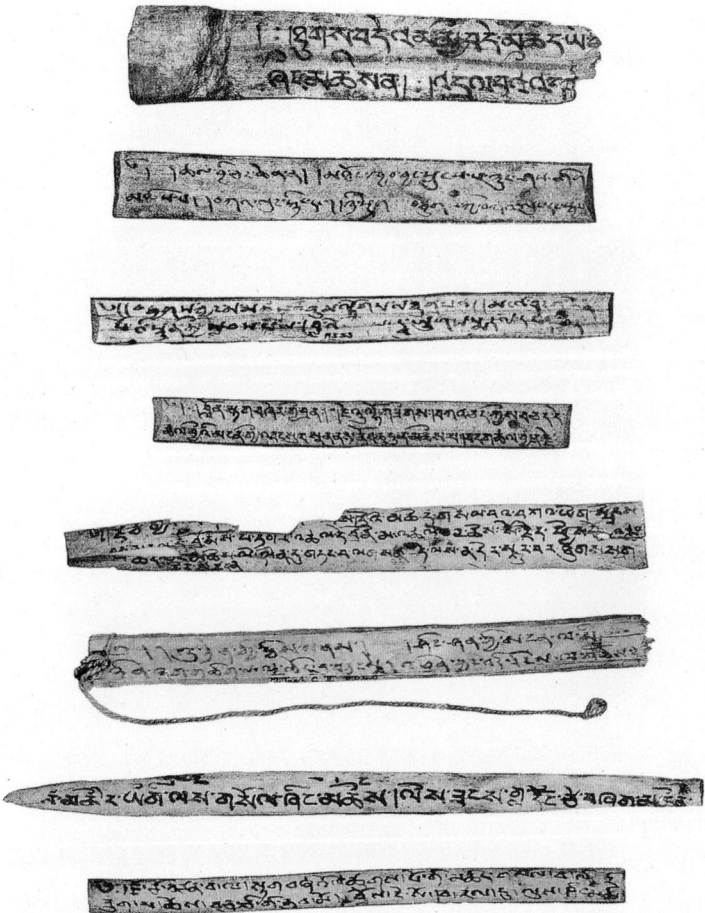

图 15 藏文木牍

图 16　装饰木雕

格上显示出的与后来在安迪尔城堡中发掘出来的柱子之间的相似性值得引起注意。图18所示的是彩绘木板中表面损毁最少的一件，它的每一面上各画有三幅呈不同姿势的女性图像。尽管其色彩已受到严重损害，但那粗犷、优美的线条仍然保存了下来，并显示

图 17 木雕

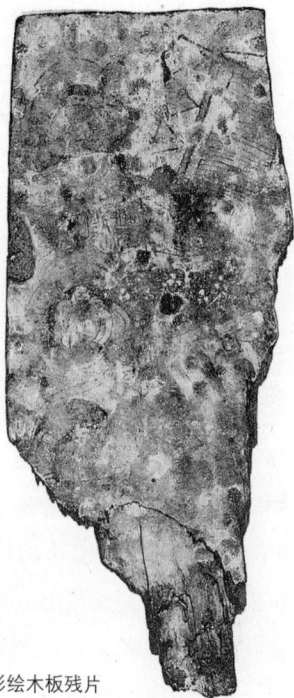

图 18 彩绘木板残片

出与丹丹乌里克遗址的最好木板画具有同样的绘画技巧。

Kha.ix 殿堂北面的狭窄房间的木、泥建筑墙壁，其局部高度仍有约 1.5 英尺。它曾经被用作住宅，这一点可通过下述发现物得到证明：大型的木槽以及粗制滥造的固定在地面上的支撑缸用

图 19　木雕，碟

的三脚架，两个类似最初发现于尼雅遗址的木鞋楦，大量的木钥匙及锁的部件，一把檀香木梳等。一个木碟在每一面上都有凹雕图案（图 19），令人感到惊奇的是它与科普特人的印饼器极其相似。在这里还发现了很好地施有红和绿釉的陶片，以及一件绿玻璃杯的边缘。这些遗物具有不小的价值，盖由于它们的使用时代具有一定的年代学方面的精确性。

　　喀达里克遗址仅有的留待叙及的建筑遗迹，包括一小组附属性房屋（Kha.xi），它们的墙壁上抹有泥巴和灯芯草属植物，其位置在 Kha.i 东南约 180 码处。正如图 20、21 中所显示的，房屋周围围绕着庭院的篱笆墙仍有一部分得以保存下来。这道篱笆墙厚约 1.5 英尺，用成层的枝条以及安放在泥土中的灌木建成，它所遵循的建筑方式在和田等地仍以"齐坦塔木"一名而著称。我饶

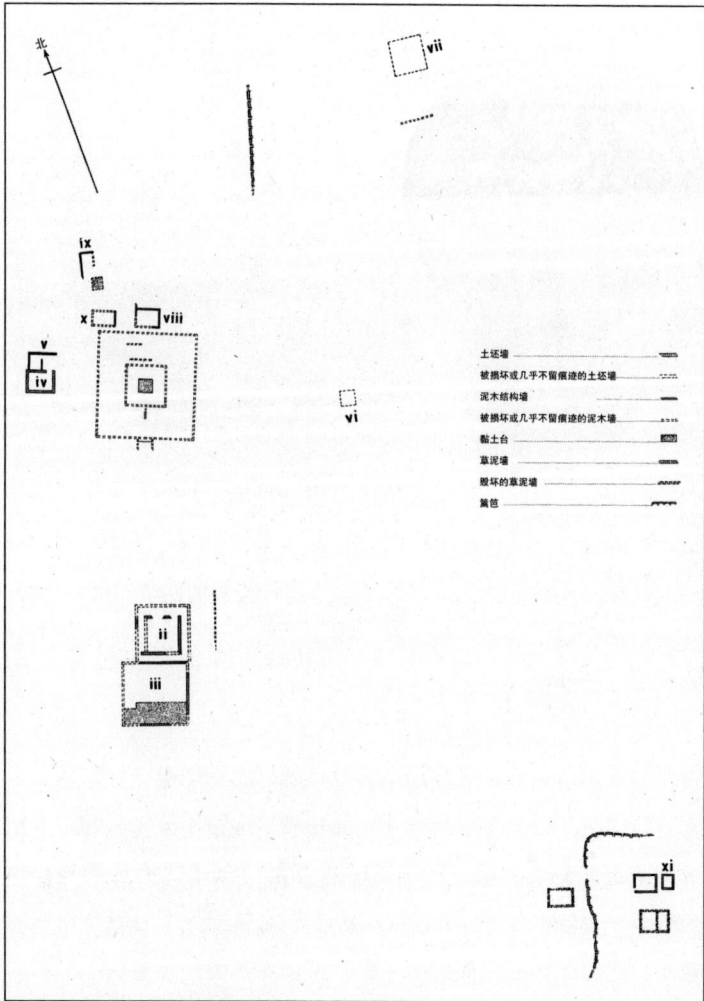

图 20　喀达里克佛殿遗址平面图

图 21 喀达里克遗址 Kha.xi 遗迹，发掘前

有兴趣地观察到这些篱笆和小居宅里的灯芯草墙那样好地顶住了
风力的侵蚀，而庭院中的露天地面却被风侵蚀了，较房间中的地
平面减低了约 3 英尺。篱笆墙的顶部仍高出庭院的最低部分约
5 英尺。我们毫无理由去怀疑这些小住宅属于一个与寺庙相同的
时期。它们的存在就描绘出了我后来也在其他一些遗址中观察到
的那样一个问题：风力侵蚀对于坚硬的建筑物来说，其效应远比

对于那些脆弱但柔韧的材料要大得多，因为后者不但只以较少的范围承受风沙的磨损力，还适合于保留流沙以作其覆盖物。

这里我顺便提一下一个奇怪的现象：即使在风力侵蚀的毁灭力自始至终都很猖獗的地方，一座为其毁坏至最基础部分的建筑物，也仍能够在地面上留下清楚可辨的轮廓痕迹。当太阳沉下去的时候，我就时常注意到在我设在废墟西侧的帐篷所在的风蚀地面上，清晰显示出墙壁线的痕迹，厚约 2 英尺，属于一些大型长方形建筑物的所在地。对这些遗迹作接近一些的观察，我发现那地方的土壤与其他地方的黄土极其相同。实际上，当你走在上面或者靠近它们的时候，它们一点也辨认不出来。我对这些奇怪的墙壁暗影痕迹所能作的唯一解释就是：那些沉重的泥土或土坯（它们现在已完全被侵蚀掉了）曾将其下面的土地较那些露开的地面压得更加结实了，而二者之间在水平面上的略微不同，则说明了在斜光下抓住了你视线的那种微弱的轮廓上的对比。

第二节　喀达里克遗址的出土物

在此我想顺便叙述一下其中主要遗物的一些一般性特征，尤其需要指出它们与其他遗址中的相关发现物之间的关系。我感到遗憾的是在这一快速回顾中，我无法将从一些寺庙中发现的写卷材料也包括进去。发掘期间，我的注意力曾被它们强烈地吸引着，然而我又不可能在当时或后来找出时间，对这些写卷作哪怕是最草率的研究或个体描述。另一方面，自我返回之后，曾给我分享他们对我收集品中千种各样的写卷材料的研究成果的学者们，却一直忙于研究我从千佛洞藏经洞及其他地方获得的保存远为完好且更大量的文书，故无暇顾及喀达里克遗址出土的那些大量然而很破碎的写卷材料，而这些东西却需要作一些诸如考证之类的工作。而且我也远不能够保证，在大英博物馆中的所有写卷遗物都能够受到专门的处理，而实际上它们之中的大部分需要做一些安全的处置。

因此正是作为上述事实的结果，等到我写作之时，才发现我不过拥有了收集品中所包含的数百件婆罗米文写卷中仅23件的精确目录说明。我将这些著录归功于我的朋友瓦莱·普桑教授的善意，他曾极友善地承担起对包括梵文内容在内的婆罗米文写卷的初步分析工作。在这些名录中描述的写卷碎片皆属于佛教教义内容的事实，与我在现场作出的这些写卷遗物代表的是供奉物的结论完全一致。它们中极常见的是诸如《般若波罗蜜多经》和《妙法莲华经》之类的特别受人喜爱的佛经。但是也有一些《佛所行赞》以及《功德庄严王经》的残片，瓦莱·普桑教授已将它们全文发表了。

用婆罗米文书写的极大量的写卷碎片之中，关于它们是属于正体或草体笈多类型，以及被称作北雅里安语的伊朗语中的哪一种，有关著录将会为我们提供足够详细的介绍。同时我还得在此赘言一下：斜体的笈多文字写卷之中，有一件写在纸卷的背面上。该纸卷高约10英寸，它被发现时呈两个独立的部分，保存皆很好，分别长3英尺和1.5英尺。其正面是一篇纯粹用汉文写的文书，经沙畹先生考证是一部《般若波罗蜜多经》版本的局部。像这种情况——利用很好的汉文写卷纸卷、随后再用当地语言复制文件的做法，在敦煌千佛洞保存下来的文书中有大量的例证。仿佛为了对和田佛教中的这种使用多种语言现象作进一步说明，在此两个纸卷中较小的那个的底部还出现了一行吐蕃文字。我已经提到过一块吐蕃文的木牍。从该遗址中出土的所有文字性遗物，均可从下述事实中获得特别的价值，即它们的出现终止期可以明确地确定在公元8世纪末期。

这一年代学事实也有助于我们全面评估喀达里克艺术品遗物与我从丹丹乌里克佛寺遗迹中所发现的同类遗物之间，存在的密切的姻亲关系。因为有同样明确的证据表明后者的废弃时代亦在相同的时期。二者风格上的同一性非常明显，既体现在塑像的装饰图案上，又体现在保存下来的墙壁绘画上。首先是前者，我们发现那些为丹丹乌里克所熟悉的拉毛泥塑墙壁装饰图案的诸因素，在这里亦得到了充分的表现。从大型塑像作装饰用的椭圆光轮上脱落下来的大量莲花花环和火焰图案边缘碎块（图22、23）中得到了体现。这些连同其他一些装饰物细部，例如珠纹和莲花瓣边缘，看上去几乎就是丹丹乌里克遗址出土标本的翻版。

当我们再去看那些曾安置在椭圆光轮中的贴塑的小神像时，

图 22　泥塑饰板残片　　　　　　　图 23　陶质饰物

其相似性也同样很大。在丹丹乌里克遗址所熟知的手举起作无畏印的立佛像，在该遗址中也能找到同样的副本。此外，如那种坐佛像，见图4右图所示，而那些精制的持衣飞行的乾闼婆像，见图5、24。从它们出现的频繁度来判断——它们亦常常作膜拜的姿势，如在图6右图——在这里也必同在丹丹乌里克一样，为雕塑家和装饰家们所热爱。诸位无须奇怪，需要找出理由的是下述一些发现物：在一些风格上密切相关的塑像边缘，也出现了一种偶然性的饰板，如坐佛像（图25），看似从热瓦克遗址或阿克铁热克遗址中已见过的一种早期类型复制而来的（图26）。

一个简单的解释就是，迟至这座特殊的寺庙被建造以后，这些模子仍在使用着。由此值得特别有意义地指出的是，喀达里克废墟曾出土的大量的用灰泥做的模子（图7），实际上曾被用来制作那种常出现的装饰物细部（诸如莲花边或椭圆光轮边缘的火焰图案装饰物）的原始复制品，或者用来作偶然性的修复之用。在标本（图9）中，我们有一个模子，用来制作类似图25那样的小贴塑佛像。这同样的方法也用来复制那些制成圆形的大型塑像的鬈发、发绺、手以及衣饰的细部。

两座主要寺庙中肯定包含有很多真人大小的或更大的拉毛泥塑像，因为我们从中发现了大量的手指和手的碎块、头部碎块或衣饰的残块。这座寺庙中所有较大型遗物的完全颓毁，这一点首先必须归咎于塑像材料的脆弱状况，它们完全可能被弃置在裸露的环境下，长时期地缺乏沙子的充分覆盖，之后它们又遭到了早

图24 泥塑饰板残片，乾闼婆像

图 25　泥塑饰板残片，坐佛像　　　　图 26　泥塑雕残片，坐佛像

期挖掘活动的毁灭性破坏。在这里也存在过对塑像进行贴金的情
况，这一点被大量的上面仍保存有贴金痕迹的塑像碎块所证实。
值得注意的是，这些碎块看上去常常是由于其背部的一种坚固的
制品而得以保存下来。在那种小型贴附泥塑例子中，它们得以保
存主要是取决于用来制作它们的灰泥细黏土的坚硬性。因为我在
碎块中未发现任何一般性的被烧过的迹象。正如在阿克铁热克遗
址中所观察到的那种火灾现象，那里的小塑像，甚至仅仅是用脆
弱的黏土来制作的小塑像，在经过一场意外的火烧过程之后，也
变得坚硬起来。

彩绘木件主要来自寺庙中以及附近区域。不幸的是，这些木件中的大部分，仅仅是一些从挖掘出来的柱子及其他建筑木材上削下来的皮。作为这种处置的结果，有时候互相之间能接合起来的碎块，却出现在不同的地方。佛像和菩萨像看起来曾是流行的主题（图27）。从风格上它显示出了与丹丹乌里克遗址中保存下来的同类型彩绘木件之间最密切的联系。

同样的观察也适用于发现的大量的彩绘木板，这种东西毫无疑问曾被用来作供奉物。关于这类木板的保存状况，还确实是一件值得遗憾的事。可能是因为长时间的暴露，缺乏沙层的保护，或者是受到潮气侵蚀，彩绘木板色彩褪得很厉害，以至于要想复制出它们已经不可能了。这些木板中有很多是在两面上绘画。它们在绘画主题以及绘画的处理方法上，与丹丹乌里克佛寺中很幸运地保存得更好的木板具有密切的关系。除了单个或成组表现的佛像和菩萨像，我们还遇到了那些传说中的主题，例如鼠头神、骑士与鸟以及公主与蚕茧。在丹丹乌里克遗址的发现物中，这些遗物都具有特别的价值，它们反映出了古代和田的民间传说。

这里我还想简要叙述一下木刻艺术品遗物，它们发现于主要寺庙的碎屑之中。除了栏杆柱以及装饰用中楣和底座，它们还包括介于圆形雕刻物中的一尊佛像，一件莲花座，以及一座塑像上的带蹼状手指的手。特别令人感到奇怪的不明用途的遗物，是一件自然主义风格的大角山羊泥塑。

在喀达里克遗址，没有什么遗物比我们发现的壁画碎块遭受

图 27 彩绘木件残片

到更令人遗憾的伤害了。其图案和施色都明显较大多数丹丹乌里克壁画高超，而且在风格上又密切相关。关于和田的佛教绘画艺术，它们给了我们一个撩人而稀罕的一瞥。而我们知道，和田的佛教艺术曾从唐朝初期时起即强烈地影响着中国的宗教艺术。[1] 我从 Kha.i 的碎屑堆中，以及主要是从其殿堂所在之处采集到的碎块中，不能传达一种充分的关于其用色之丰富和协调的印象。在此必须指出的是，所有这些绘画都是用蛋胶画法绘制。在内壁中使用了下述方法，即在混合有植物纤维的黏土质黄土上，再施加一层薄的光滑的灰泥，以在其上绘制蛋胶画。

现场拍摄到的照片（图 3）表明，保存下来的最大的壁画碎片，其尺寸长约 9 英尺，宽 5 英尺。从在其他地方发现的与此相似的较小碎块的相当大数量上来看，这个最大块的壁画表现出了人们当时对走廊墙壁下部分装饰所作的通常规划。它包括水平的成排的小佛像，每一个都在一个独立的壁龛（长 4.5 英寸，宽 4 英寸）之中，佛陀坐在一个莲花座之上，其周围围绕着一个椭圆光轮。佛陀的袈裟绘成红、深褐、白或奶油色，这种在服装色彩方面的变化，连同其光环、椭圆光轮及背景色彩方面的相关改变，是为了组成一个规则的菱形。它由 6 个排成一排不同类型的小佛像构成，就这样统一排列，自左至右向下形成一条对角线，这无疑是

1　在中国艺术史中，于阗画派曾扮演过重要的角色，这荣誉是由于阗王族中的一名成员尉迟乙僧在公元 7 世纪早期进入中原而奠定下来的。

使用了一种方便的模板。

在地面以上高约 4.5 英尺处，这部分走廊墙壁出现了图 28 所表现的那种壁画。它被发现时已碎裂成五大块，以及若干小碎块。考虑到墙壁泥土的极脆弱状况，我还是有理由为我的包装结果感到满意。当这些碎块运抵伦敦时，我发现它们还能够重新拼成一块。壁画的中央可以看到一个身披红色袈裟的佛像，呈如意印姿势坐着，其两侧每一面上都绘有饰丰富的菩萨像，从其左手中所持的瓶子上来看，它们可能是弥勒菩萨的一些形式。头部及其丰富的黑发绺，据推测可能受到了波斯风格的影响。但衣服下部优美的装饰以及围巾，就像设计很好的塑像本身一样，是直接来自希腊化佛教模型的复制品。我们此后还将看到，敦煌千佛洞中的壁画和丝绸绘画品与这里介绍的同类型物是多么的接近，尽管在技术上全不相同。在上述佛像莲花座下面一块淡绿色面上，有一根六臂华柱，边侧是两个奇形怪状的塑像。右面的是一个袒胸露腹的白发苦行者，左面是一个野猪头鬼怪，双臂张开搂住一个人的身体作吞食状，可看出血从这鬼怪的嘴里流下来。

这一组像右侧的大碎块上，显示的是一些很细致的植物装饰图案，其中在一个大椭圆光轮的局部外侧，绘有一件很有趣的瓶子图像，从形象上看其类型明显与约特干遗址出土的装饰陶器中的瓶子相一致。另外那种奇形怪状的常见于约特干遗址的贴塑头像，在这些壁画中也有表现，显示的是右侧视像。在这些小壁画碎块中，特别引人注目的一件象头神像（图 29，左上），用明晰

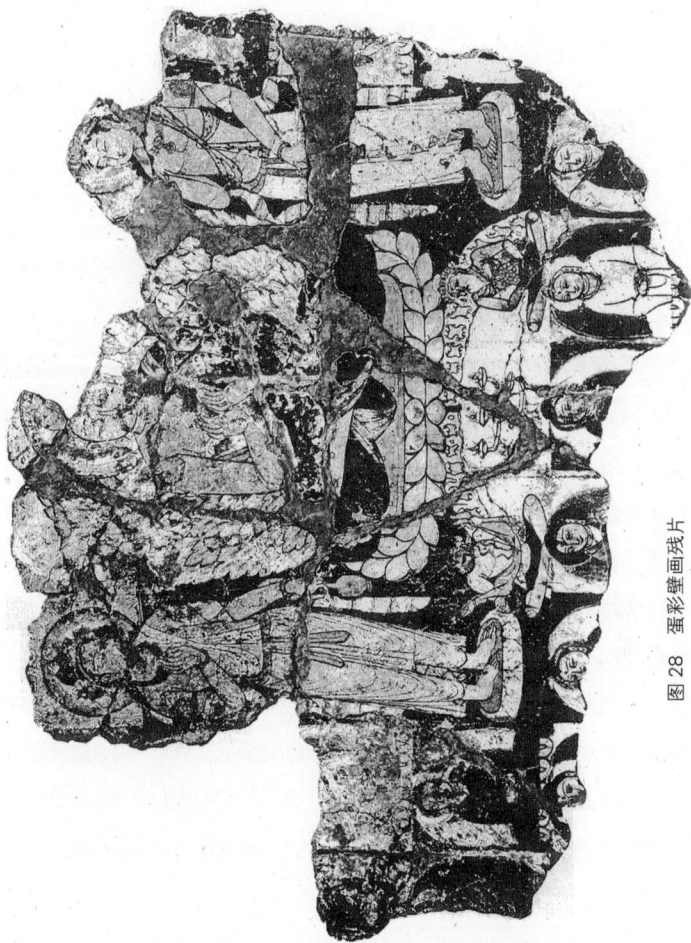

图 28　蛋彩壁画残片

的自然主义手法来表现。图30中优美的手部轮廓画，还有大型画像（图29）中的那些优美轮廓画，在风格上与丹丹乌里克D.II寺庙遗迹中的壁画非常相似，这一点毋庸置疑。这些大画像表现的都是菩萨。此外，在一件蛋彩壁画残片中，特别值得我们称道的是在绘制衣饰的丰富的皱褶以及脸部优美的表情时所表现出来的从容与技巧。对图31五在定佛头部的处理，也显得驾轻就熟。而所有这些大像的效果，必定会因为对其头光和椭圆光轮周围着色的丰富多彩以及和谐而极大地增强了。

关于下一个观点可能不会有多少疑问：敦煌千佛洞的藏经洞中发现的表现佛教神像的精美绢质幡画（它们保存得很好）的画家们，可能从和田艺术家们相似的作品中获得了大量的灵感。关于早期使用这种丝绸绘画（它们或呈旗幡形或呈悬挂物形）作佛寺供奉物的情况，还可以从宋云的一段记载中得到证实，该段记载非常奇怪地提到了捍麼城附近的一座寺庙，这座寺庙位于达玛沟一带的乌鲁克麻扎遗址之处。此外，在喀达里克寺庙的发现物中，亦包括少量的丝绸绘画碎片。同时还发现了一小尖旗幡的残件，系用一种可能是毛制品的粗糙材料制成。另有一件相同的布片，上面仍保存有彩绘图案的痕迹。最后作为收尾，我可以提到的还有在这里发现的一件艺人所用的工具，其形状与模制的抹刀很相似。

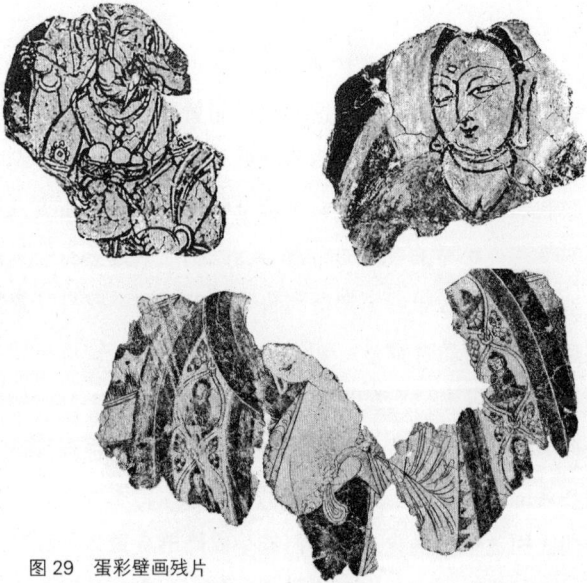

图 29 蛋彩壁画残片

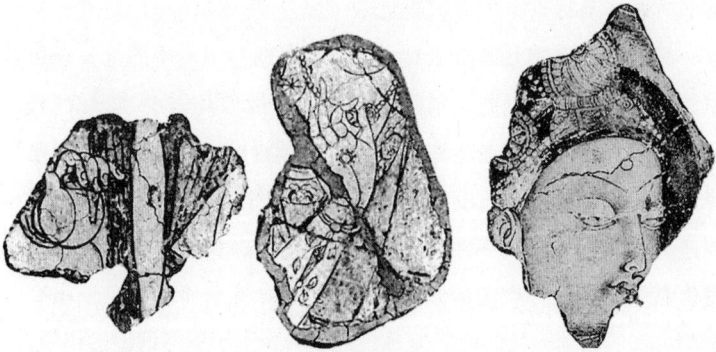

图 30 蛋彩壁画残片，手部轮廓　　图 31 蛋彩壁画残片，五在定佛头

第三节　喀达里克一带的小遗址

我在和田时，就从穆拉霍加那里听说了他在喀达里克一带所发现的某些更小型的遗址的名称，当我们在喀达里克的工作可以放心地交给奈克·拉姆·辛格和蒋师爷监督时，我自己就抽出时间快速地走访了这些遗址。它们中最近的一个，穆拉霍加知道它那很有意义的名称叫其吉里克（意为粪堆）。它位于东面半英里处，仅保存下来少量的灯芯草灰泥墙遗迹，标志着厩和牲口圈之所在。直接相连的、被马粪和羊粪保护下来的地面，还保留着其原始的地平面。而其余的塔提总共才有约100码的直径，已经被风力侵蚀深6~10英尺，正如图32中可看到的一个富于特征的小黏土台地群所显示出的那样。

更有趣的是喀达里克北面约1.5英里处的一个小遗址，穆拉霍加称之为巴拉瓦斯特，我的调查证明它与我1901年3月24日所经过的一处小塔提相一致，而后来我又听说它被我的牧羊人向导们称作阿克塔子。一路上所经过的地面覆盖着密集的红柳沙丘，但是到处又显示出小的风蚀地块，高6~10英尺。巴拉瓦斯特本身也是这样一块开放的地面，直径260码，在若干地点上显示有一些古代的陶器碎片。在靠近其中部一带，由于周围的侵蚀作用，我发现了一块看上去像一块小台地的地方，那上面遗有一座粗糙

图 32　喀达里克其吉里克西南的风蚀塔提

的住宅的稀少遗迹。其墙壁系用竖直放置灯芯草把、外面再糊以厚厚的灰泥的方式建造而成。形状上呈长方形，长约 70 英尺，宽 60 英尺，内里可见一系列的小房间。沙层覆盖在地面上仅有一两英尺厚，除发现一些破布片外，还出土了一小片印有彩色图案的丝绸，此外再没有清理出任何东西了。

　　该住宅往西约 8 码处有一座同样构造的更小的房屋遗迹，一部分压在一座红柳沙丘的脚下。它显示出的是两间房屋，边侧围着明显地在一个时期曾被用作羊圈的棚屋。穆拉霍加声称说，正是在这些房屋中的一间里面，他发现了三块保存良好的写在木板上的汉文文书。这些木板长约1英尺，宽1英寸，在和田时我曾从巴德鲁丁汗那里收集过来，现在它们已由沙畹先生翻译出来，并发表在本报告之中。在那里将会看到，无论是在内容还是在外部形态上，这些文书都与我后来在达玛沟东南麻扎托格拉克遗址中发掘出的木质文书非常一致。从各方面来看，这些文书都是从一些小的行政管理机构中发送出去的。巴拉瓦斯特的木简中有一块在汉文文字下面写有一行草体的婆罗米文，这表明文书的发送机关必曾具有当地的身份，而并不仅仅局限于一个中国的军镇。虽然我们正在谈论的房屋目前已被沙子埋了约5英尺深，而全部清理之后的结果也不过是出土了一件一面写着汉文，另一面写着草体婆罗米文的木简的小碎块，然而这却可用来证实穆拉霍加关于其木简之来源的说法的准确性。在离此建筑物不远处的风蚀地面上发现了一枚铜钱，它的表面损毁严重，阿兰先生相信他能认出是一枚梁朝的五铢钱。

对这地方地面的进一步检查，发现了在那些高10~12英尺的台地上面，覆盖着一些陶器的碎片。这些地面的顶部很平，它们比我们正提到的房屋遗迹所指示出的原始地平面一般要低两三英尺。此种差别明显地表现出了自这些台地上面存在的建筑物遗迹消失以来，这里所发生的侵蚀的进程。无论是在此地还是在随后对南面其他那些小遗迹的调查，我都有大量的机会来观察发生在达玛沟支流以东这片沙漠地区上的自然变化，而这些地方曾被大量的村庄占据。我一次又一次地注意到这些或许标志着曾经散布过小农业聚落的裸露地面，它们是如何被风和流沙的侵蚀力所破坏和挖空，变成支离破碎的黄土地的。在所有这样的地点上都有极坚硬的黄土台地，高出附近的侵蚀凹地 6~13 英尺，它们可以被看作是目睹过古代地平面的大致证人。它们的表面有一层薄薄的陶片，这有助于解释为什么这些台地能抗得住风力侵蚀的不间断的攻击。关于侵蚀作用的过程在台地的边侧也能观察到，那地方到处都显示出下部切割作用的痕迹，就像一条被流水所冲刷的河岸所显示出的那样。我在这样的地面上所能够寻找到的像在库苏克阿斯特（位于喀达里克以西约 1 英里处）及阔克吉格达（南面约 2 英里处的另一处小塔提）所发现的居住遗迹，也是由一些低矮的草墙或篱笆组成。由于它们都很薄弱，从而为流沙的磨损力提供了较少的作用范围，而且反过来还适于保留流沙，以作为其覆盖物。

同样的现象也从那些密集沙丘的构造上表现了出来，它们占据了这地方的大部分地面，并且围绕着所有的裸露地面，其高度高出原始地平面 12~15 英尺。但是在现场我还看到了高 25 英尺及更高的沙丘。彼此缠结的红柳丛往往是底部已死而顶部依然繁荣一片，不渝地遮盖在这些沙丘上。毫无疑问这些沙丘应该是起源于那些红柳灌木丛，当耕种变得松懈和停止下来的时候，它们最初曾长遍这块土地，之后它们又开始捕捉和收集被春夏季节的风带到这块地面上的流沙。我曾看到低矮的红柳丛遍及老达玛沟和波纳克的土地，这些废弃于19世纪的老绿洲，完整地描述出了这一进程的基本阶段。为了争夺阳光和空气，这些曾将它们的根扎在地平面上的红柳不得不向上生长，以反抗它们周围逐渐积累下来的沙子，这种斗争的结果就是迫使它们长得越来越高。而它们曾想极力摆脱令人窒息之拥抱的沙子，就这样自然而然地追随着它们的长高而形成了沙丘，其在规模与高度方面的增长都与红柳有关。

此处简要提到的红柳沙丘的形成过程，在本质上必与塔里木盆地大沙漠周缘那个富有特征的红柳沙丘带的形成过程是一样的，但是它们生长的速度却可以随当地环境（这与气候、地下水、盛行风等有关）的不同而有显著的变化。这样一来很有意义的是，考古学的观察可以使我用准年代学的准确性，对这一建立过程的时间进行确定。在位于喀达里克与巴拉瓦斯特约半途处的一块小裸露的侵蚀地边缘，我的向导们向我出示了几块硬白色拉毛泥做的小塑像碎块，它们出自一座大红柳沙丘脚下的风蚀黄土地的斜坡之上。我们在这些流动的沙丘上稍做挖掘之后，就进入到沙丘的里面，发现了更多的拉毛泥塑碎块，这些碎块曾构成一座佛寺里的某些大型头光的泥塑装饰物的一部分。通过这些塑像碎块标本在风格和技术上与喀达里克寺庙的对比，我得以肯定二者在时代上是相同的。

　　保存下来的表现立佛像及植物图案边饰的泥塑碎块，其表面都被刮擦过，这证明了它们毫无疑问曾被流沙侵蚀达很长一段时间，直至其周围的沙丘扩散过来为其提供一种保护时为止。这座寺庙除这些碎块外，别的都完全毁坏了。发现这些碎块的地平面大约高出离它最近的台地3英尺，而这个本身则又高出其周围的侵蚀凹地的底部6~10英尺。这一大约3英尺的差别与在巴拉瓦斯特所表现出来的相一致，而且它还表明了自这些泥塑碎块被埋在沙丘斜坡之下以来的侵蚀过程。沙丘现在高出由这些遗物碎屑所代表的地平面16英尺。我觉得做这样的推测是有道理的，即沙丘的起源可以回溯到一个很特别的时期。它大约是公元8世纪的末期，当时喀达里克一带的这些聚落都被废弃了。我这样推论出来的生长速度后来得到了佐证——那时我正在喀达里克西北约9英里处的法哈德伯克亚依拉克遗址做调查，在F.XII佛寺我获得了极相一致的观察。该寺庙原本建在一座老红柳丘的顶部，这红柳丘比起它显示出的寺庙被废弃时代的高度来，又高出了18英尺；而寺庙的废弃时间可能是公元8世纪末前后。

　　很有启发的还有9月30日我对喀达里克南面一些小遗址的访问。阔克吉格达遗址（这个名称源自一棵仍活着的老吉格达树），它位于东南方约1.5英里远的地方。一块裸露的略微被侵蚀了的地面，东西长约200码，最宽处约120码。在它的中部有一座矮土墩，上面覆盖着一些粗糙的墙泥块、芦苇秆、厩粪及其他一些旧日堆放物的痕迹。遗迹延伸在一块直径约30码的圆形地域范围之内。我在这里开了一条探沟想查清楚墙壁的准确位置，但是我失败了。不过，这样一来，倒是揭露出了近4英尺深处的灰泥地面，并证明了枝条墙曾经是用水平固定的芦苇来建造的。由于这种枝条建筑形制从未在伊斯兰时期的遗迹中见到过，所以我有把握假设这个遗址也像喀达里克遗址一样，被废弃于大约同一个时期。

关于这种同时发生的废弃的更明确的证据，来自达拉布赞墩，穆拉霍加称之为他的最南面的小遗址。我发现它位于喀达里克南面直线距离2.5英里的地方，靠近一处弯曲的长满芦苇的洼地，这地方明显是达玛沟河的一条较早时期的河床。靠近其左岸及一条连接着达玛沟最南部分与阿其玛绿洲的小径的南面，有一小块与周围风蚀地面相比具有明显的台地特征的台地。其北面部分较高，高出洼地约20英尺，它本身自东到西长约200英尺，最宽处有110英尺。其顶部未发现有任何建筑物遗迹，但上面有大量的明显是"寻宝人"挖的坑，以及成层的草和农庄空地上堆的收获后放在边上的废弃物，它们都是这些遗迹曾存在过的证据。

在东南端，这块台地连接了一块阶地。此阶地的顶部大约低7英尺，直径34英尺，上面仍保存有一薄层厚度不到1英尺的遗物碎片。在这里有少量几片沾有沙子的灰泥碎块，引起了我的注意。在清理地面时我们遇到了大量的损毁严重的拉毛泥碎块，明显是来自一堵绘有壁画的墙。这些碎块中有一块上面显示出一幅小佛头像，是按着喀达里克壁画的风格来绘制的。在其他两块拉毛泥墙表层碎块上，我发现有少量的看上去像草体婆罗米文的题记。

图33　泥浮雕头像

塑像遗物之间有两件拉毛泥做的头像，被塑造成高浮雕状，其中的一件（图33）上面保存有大量的色彩痕迹。这些头像连同一块莲花瓣椭圆光轮边碎块在风格上与喀达里克寺庙的作品具有密切的相似性。一块彩绘板及一部至少包括20页的婆罗米文菩提（它也是出自稀薄的沙层之下），遗憾的是它们都腐烂了。但这些遗物也有助于对遗址进行大致的断代。

　　虽然本身无关紧要，但这些发现物已足以建立重要的年代学证据：尽管这遗址位于达玛沟河以内不到1英里的地方，而从现在绿洲的东缘算起亦不过稍超出那个距离，它的废弃也是在与喀达里克遗址及远方的丹丹乌里克遗址大致相同的时间。这个发现自有其特殊的价值，因为它强化了我的下述疑虑：这些依赖于相同的水源供给而又相距遥远的聚落的同时废弃，是否仅用渐进的干燥化就可以得到充分的说明呢？

同时我还有一个小疑问，即那些分布在达玛沟亚尔以东和以北地方的稀疏的灌木丛地带以及红柳沙丘的迷宫之中，是否正埋藏着比我在喀达里克停留期间穆拉霍加能够或愿意指示给我看的更多的早期遗迹呢？不管怎么样我需要做极大的以及几乎不间断的努力，以在有限的时间内完成我的考察。最后我感到加倍高兴的是，我分享了为喀达里克所付出的这不懈的十天的劳动。因为1908年3月我重返这个地方时，发现这个保存古代废寺的地区，在经过漫长的世纪之后，再一次被置于来自达玛沟河水的灌溉之下——它们毁弃了。

第四节　达玛沟亚尔及麻扎托格拉克的遗迹

10月3日早晨离开喀达里克之后，我继续向达玛沟主要绿洲的南面旅行，目的是去寻找一处地点。根据穆拉霍加报告给我的一位老农的说法，大约40年前，有一些搜集硝供应雅库甫伯克（即阿古柏——译者）的火药厂的人在那里发现了一些"古纸"。据说他们又把那些东西当作废物扔在一个地方。这条线索虽然很模糊，尤其是在穆拉霍加对那里的遗迹一无所知的情况下，但向这个遗址的进发给了我一次探访达玛沟主要绿洲的机会，并调查它们曾在现代史上扮演过重要角色的独特的灌溉条件。由于它们所造成的变化给考古学者带来的兴趣并不亚于给地理学者带来的兴趣，所以在我的个人探险记中已经谈到过的观察结果，在这里恰又有了再被提及的需要。

1901 年 3 月我第一次踏上达玛沟地区的北缘时，顿时就被那里发生的变化震惊了，它那所谓的灌溉地已经变成了活的记忆。在远离中心的马拉克阿拉干垦殖点西北那被沙漠植被和小流动沙丘所覆盖的地带，我走过了一处村庄遗址的废弃田地和居址，那旧村有一个名称叫老达玛沟。从那里起，按照村民们一致的说法，耕种区被迁到南面约 9 英里处、靠近和田—于田公路的现在位置，这还只是发生在约 60 年以前的事。逐渐增加的灌溉用水的难度，据说是造成迁徙的原因。不管困难如何引起，有一点很清楚：由于迁徙却将达玛沟的耕种区带到了更靠近泉水的地方。在那里，奴尔和托特伊玛目一带的山涧之水，在南面山麓的砾石大缓坡脚下再一次地冒出了地面。在夏季洪水将高山上融化的冰雪的阿克苏（白水）带来之前，绿洲完全依靠这些泉水进行灌溉。

我们就这样被引导着将这一迁徙与普遍的干旱化进程或气候的渐趋干燥化相联系了起来。这个对于那些有才能的观察者来说变得很清楚的干燥化现象，在历史时期曾极广泛地影响着中亚的自然环境。在对此巨大自然变化的调查方面，没有一个人比亨廷顿教授做得更多，他的研究遍及亚洲、南欧以及美洲大陆广大地域内的干燥化的问题。带着这一问题，1905 年秋他花费了数周时间对和田河和克里雅河之间的平原进行了系统的自然地理学考察，在他《亚洲脉搏》一书中，他还没忘记提请我们要特别注意耕种区发生的这个被很好地证实了的变化。有效水供给总量的减少，被他接受了下来并作为他的明确的解释。

而且当地还不乏可以影响这种变化的特别条件的迹象。1901年我初次来访时听到的一个传说，即是有关达玛沟反复发生的耕种地的这种前进和后退之迁徙的。马拉克阿拉干垦殖点（位于现在主绿洲中心以北 6 英里）的开辟仅可回溯到约 1890 年，令人奇怪的是它看上去像是已经实施中的向北的反向运动的一幅插图。前往喀达里克在那里停留时，我了解到马拉克阿拉干居住者的数量自 1901 年以来已经明显地增加，而且他们的灌溉目前甚至已扩展到老达玛沟长时期废弃的田地上。但仅仅是在自喀达里克向南前往达玛沟，以及麻扎托格拉克附近被指称的老遗址之时，我得到了一个关于保证水供给的特别条件的主意，这个有趣的垦殖点正来源于此种水的供给，而老达玛沟复耕的机会亦是取决于此种水的供给。

我们初次遇到喀达里克西面的达玛沟亚尔，是在其河水被坝拦住以便供应马拉克阿拉干渠那一地点附近。之后我们沿着宽阔的长满芦苇的洼地一路上行，直至抵达阿克库勒村子附近的现代绿洲东缘。在向东稍作迂回之后，在一处不到 1 英里远的地方，我的眼前展现出了一些倾颓严重的、几乎无法辨认的居住遗迹，正位于一条叫其吉里克亚尔的深掘渠道旁。这条渠道代表达玛沟河的另一条河床，而且在冬季不需要灌溉的时候，这条渠道仍然在接收水。我在达拉布赞墩附近所寻见的就是这条老河床的延续，它还可能把水输到了喀达里克。

从这个令人感到沉闷的灌木覆盖的沙丘废地到绿洲之间，其变化很明显。在接下来向南行的数英里路途上，我们所经过的地面全都是所谓的英坎特或新土地，它们仅仅是在约25年前才开垦的田地。很多老沙丘曾覆盖有红柳，但现在红柳全部被挖走做燃料。这些沙丘依然高踞在被整平的田地之上，作为近来的垦殖的见证者存在着，在这里它们常常被用作散布的家宅地。另一方面是绿洲中的较古老部分，那里的迁徙发生在19世纪40年代，当我们沿着沙库勒渠绕向公路时，我并没有看到它们。路南面所有耕种地都被说成是"新土地"，是近30年来逐渐增加的绿洲。当我骑马沿着渠道的龙头向南行进到大"土格"或堤堰时，我清楚地看到这种扩张仍在进行，达玛沟河的水正被这些堤堰维护着，灌溉着主绿洲的土地。

当我们到达距和田—于田公路2英里处的地方时，我的眼前出现了一座高大建筑的影子，一如在塔里木盆地常见的那样——一座长将近200码、建造得很坚固的大坝，横亘在达玛沟亚尔的龙头上，高出其沼泽地的底部30英尺以上。整个堤坝由夯土加上间隔很短的灌木枝层建成，其顶部宽到足以做一条可通行的大路。坝的南面用成排的柳树枝加固，这一面正朝向一大片水域，这一带正是达玛沟河向那些绿洲引水渠的分水处，这片水域也正是这样形成的。这里盛放河水的凹地虽既宽阔但水很浅。然而达玛沟亚尔的面貌则极不相同，它成了这条向北的河床的自然延续。在这里它把自己表现为一条显著的迂回的沟壑，深切进两侧深60~80英尺的陡峭的河岸间的黄土层中。在形成其源头的盆地中，存在着大量的泉水，这可以通过那些茂密生长着的芦苇和草来证实，但我们从上面看不到流动的水。

我还是在喀达里克时就听到说有这么一座大坝，但只是到了这地方我才意识到它在绿洲的过去和现代史中所具有的意义。按照我当地向导们的说法，在我来此地访问以前约17年，有一场异常大的夏洪倾入达玛沟河的河床，并将一条平日一般都很干涸的浅沟变成了现在这条一直伸展到马拉克阿拉干的宽阔、深切的沟壑。但是由此又带来了一个关于达玛沟的整个水供给方面的严重风险——那些水泄进了新近形成的深亚尔中，而水平面之间的差异又使得灌溉现存的绿洲成为不可能。有一年的时间，利用渠道灌溉达玛沟的田地受到了河水被引入新河床趋势的严重破坏，惊恐的村民们开始准备向其他地方迁徙。后来在于田按办的命令之下，当地的伯克们共同努力修建了现在的大坝，因这按办考虑到对绿洲的废弃会减少他的税收。据说约有1 500名劳力被从所有邻近的绿洲（自策勒至于田）中抽调了过来，一直干了大约两个月的时间。考虑到人口如此分散稀少，而这几块绿洲就灌溉而言在利益上又是如此地存在着歧异，要一下子征集和雇佣这么多的劳力是一个沉重的负担。此外，对大坝进行维护使之有效地面对夏季的洪水，也需要每年雇佣大量的人员来维修大坝，这都明显超出了达玛沟单方面所能够提供的人口数量。

由于这些努力，达玛沟被保证可获得喀拉苏（黑水）或泉水的先期供给，这种泉水在大沙漠南缘的这些绿洲中到处都是，在夏季洪水到来之前的诸月份间，对灌溉来说它们必不可少。而且还有一个新鲜的和稳定的供给唾手可得，那就是新形成的亚尔源头附近出现的一些泉水，它通过马拉克阿拉干垦殖点的形成而被改变得可加以利用了。后者的稳定增长归功于这些源源不断的泉水的供给，由于这个事实，这个新聚落被宣称是比达玛沟本身更少地依赖那种多变的阿克苏或夏季洪水的水量。有趣的是供给达玛沟渠道的喀拉苏的水量，并不曾由于新泉水的形成而减少。这个说法完全被我们已经提到的趋向达玛沟亚尔西岸的"新土地"所证实，而且它也被对前沙漠废地的充满活力的开垦活动所证实。随后我在1908年3月到访时，发现这种开垦正沿着固拉合玛的方向进行着。这表明新泉水是一些浸透了地下水的排水层，其地下水位远较那些哺育了达玛沟河之源泉的地下水要低得多。后者位于八九英里之外，高挂于萨依（即戈壁——译者）之上。

我在达玛沟大坝如此获得的观察，有助于揭示出对地理学者和历史学者双方面都有益的事实。很清楚，马拉克阿拉干垦殖点的开发是一场运动的直接后果。通过那场运动，达玛沟河曾极力把它的水再一次带到在1840年前后废弃的老村庄遗址中。但由于大坝的及时建造，实际上所有的有效水都将流入亚尔，而且灌溉着目前村庄田地的渠道也将会变干。在那种情况下，我们有把握作出的推测是：人们的聚落将会再一次回到老达玛沟那里。这方面我有着直接的证据，后来我于1908年访问那里时，发现那些老村庄的土地又逐渐被马拉克阿拉干多余的水逼近了，后者正沿着仍可辨认出来的老渠道向北流动着，甚至在没有任何的来自达玛沟河水的推动之下，也向着那些老村庄土地逼近。

威胁着现存绿洲被废弃的命运，以及仅凭一项在规模上对这些地方显得不太寻常的工程就可以扭转此种被废弃的命运，这件事本身说明了这样一个问题：在这个地方的耕种区中，所谓的变化（指的是那种发生在耕作区里的干旱化以及水供给的减少——译者）可能发生在那些特别的自然地理区中；而这所谓的自然地理区对于干旱化及作为其结果的水供给减少却一筹莫展。不管这样一种说法，即认为干旱化一直决定着塔里木盆地的经济状况，以及决定着依赖于经济状况的历史发展——怎样具有说服力，达玛沟的这个例子必定让我们记住：不能把考古学调查所能够揭示的每一个遗址的废弃，都归因于干旱化活动的结果。

同样地，我们可以从中得到的启发是：一种准历史要素即人类能力对这样的变化必定也施加了影响。既不是为了中央政府对这个行省进行有效管理，也不是为了扶植其经济发展，在达玛沟亚尔筑坝这件事本身证明了利用当地资源尝试进行的是一项过于巨大的工作。达玛沟的村民们尽可以听天由命地留下来去面对灾难，而且可以采用像当地传说中所指出的那种应付方法（那个传说讲到了耕作区后退、前进的反复变化）。同样地，可以很容易就意识到的是：达玛沟亚尔的泉水所带来的供水，并不一定会导致马拉克阿拉干新垦殖区的形成——除非开始出现人口的压力。而我们知道，在老绿洲中同样的经济发展已经引起了这种压力。[1] 所有这些事实已很清楚，而且还有一个活着的证据在启迪我们。但让我们就这样来假设吧：这条大坝的兴建已经超越了当地的资源，而现在的主绿洲也已相应地废弃成了将被未来的、即是说一千年以后的考古学家们发现的废墟。到"那时"，他们能希望获得的可以解释这遗弃原因的任何明确一点的证据将会是多么的少啊！

接下来我们继续向大坝以南行进，达玛沟河宽阔的洼地上长满了芦苇，我们沿着它的左岸迤逦而行。大约 1 英里后我们抵达了麻扎托格拉克那平凡的寺庙，它掩映在一片漂亮的老胡杨林中，其名称也是取自这片胡杨林。林子西面约 150 码且距河不足半英里处，是那老"哈特"的出处。有关于此，穆拉霍加曾从一个上了年纪的老村民海都勒霍加那里听说过，但他本人并没有到过那里。那个遗址是一块小台地，上面覆盖着稀稀落落的碎陶片，从北到南长约 210 英尺，最宽处约 135 英尺。它的西边高出周围明

1　我可以提到的这方面的证据是达玛沟的伯克，他声称他所主管的人家大约有 800 户；而据叛乱前夕所作的人口普查得出的旧的官方估计，则只有 180 户。对这些为了税收目的所作的估算不能作多少的信任，但是这种差别却完全具有相同的意义，尤其是如果考虑到阿古柏伯克王国治下人口锐减的情况时更是如此。

显是风蚀成的沙地约 9 英尺，而东面则下斜四五英尺到麻扎所在小树林的地平面上。

10 月 4 日早晨，我开始清理台地后不久就意识到我正在打开一座古代的垃圾堆，它连接着以及局部叠压着一些完全倾颓的住宅。垃圾堆的地层没有一处的深度超过 3 英尺，上面仅覆盖约 1 英尺的流沙。从这些垃圾堆中散发出一种难闻的气味，那是长期由腐烂的动物尸体及其他难闻的东西散发出来的气味，这种气味我记得很清楚，在我第一次旅行时即已从那些挖掘出的遗址中闻到过。堆积物主要是一些腐烂的木头、动物骨骼以及从墙体上倾颓下来的黏土块。不久就发现了一些小木牍碎块，上面写着草体的婆罗米文字，这些东西有助于推定它们的大致年代。

最大的一块木牍长 5 英寸，呈楔形，与我在尼雅遗址中发现的那些木牍很相似，也是在尖的一端上有一个绳孔及在一面上写有两行淡淡的婆罗米文字。接下来小的纸文书残片接踵而至，主要出自垃圾堆的西北部分，数量上大约有 12 片，它们一般都出现在距抹灰泥的地面不足 6 英寸处，而那些灰泥地面还可以辨认得出来。纸片都很脆弱，仅在一面上写字。除了两片用汉文书写，其余上面都写着很潦草的婆罗米文，可能是古和田语。它们之间有一件卷起来的文书残片部分，长约 1 英尺，宽 2 英寸。这样的碎片代替被许诺的大批的 "哈特" 虽令人感到遗憾，但它们的材料和书写已足以说明遗址的时代大致与喀达里克废墟同时。

在众多的发现物中，有毯子的碎片、毡片以及看上去像棉花的粗糙的织物，此外是一只用大麻纤维编的鞋，在形状和制作上像是在丹丹乌里克发现的那种鞋子；还有几件黏土做的纺锤以及其他一些纺织用的工具。这些发现物中还有一把木钥匙和一把木锁的一部分，以及各种各样的谷粒等物。曾经处在垃圾堆包围之中的小建筑物中，只能寻觅到一些灰泥抹的地面，上面到处都有一种用泥土做的坐台。像此种类型的东西在现代住宅中很常见，突厥语里称之为休卡。其中有一个宽1英尺8英寸的木槽子以及一个大陶缸的下部分，宽1英尺10英寸，它们都被固定在地面上。

就在距此地点不远垃圾堆的西边，我这一天来的奖赏到傍晚时降临了。我的一个挖掘工碰到了一堆混乱堆置的窄木简或木棍，在它们那被弄平的表面写有单行的汉文文字。这些木简堆在一个大约2英尺见方的空间内，上面仅覆盖一层厚约1英尺的沙子。由于长期暴露在大气中，很多木简都已经或多或少地腐烂了。所有的木简上面都黏附着一厚层从它们所埋藏的垃圾堆中带来的腐烂的东西和盐碱土，但由于蒋师爷的帮助（他本人当然对这些发现物有极大的兴趣），我还是设法把它们中的大部分拼合在一起。

最后，约有50件此类木质文书被复原了出来。它们的大小和形状大不相同，但从所有这些木简的粗略处理以及明显是相当草率的书写风格上来看，它们都是些暂时性的记录。有一些长16英寸多，宽约1.5英寸。大部分完整的木简的一端都有一个穿绳的孔。一些木简呈扁平状，带有两个光滑的表面，上面写有文字。有少数呈棍状，具有四个书写面。其余的无外乎是写在一根根折断的树枝之上，树枝一般是红柳，把一面粗略地弄平以作书写面，而其他面则保持原来的圆形状，有时候还带着树皮。在很多木简上发现的各种各样的刻痕，可能是最初的账簿之类的东西。经现场检查，蒋师爷则认为它们都是一些与村子的管理、灌溉及供应事务有关的小状子。有少数木简上面除汉文外还写有双语文字，即用草体婆罗米文和一种古和田伊朗语的文字来书写。

这里复原的记载物就是当地一些小衙门的"废文件"。它们那恶劣的保存状况可以从海都勒霍加告诉我们的事情上得到说明。那位老人曾告诉我们，在大约40年前，有一些到这里来挖硝的村民曾挖掘过这个垃圾堆。他们当时对挖掘感到很失望，挖了一天之后就放弃了，将那些木简碎片扔在地面上任凭其腐烂。足以让人感到奇怪的是，当地的传说中保存下来了一个关于这个废弃建筑的官府特征的暗示或做了一个敏锐的猜测；因为穆拉霍加和达玛沟的其他白胡子们都知道这个叫作阔纳乌塘（即老驿站）的地方。且不管它可能是什么，前面提到的灰泥地面以及台子所处的不同平面，推测这个地点曾被长期占据过。令人感到奇怪的是一枚铜钱，它被发现于被弃置的木简所在位置附近的斜坡上。据 J. 阿兰先生推测，认为"可能是一枚晚期的半两钱，属于公元前 2 世纪的后半个时期"。

在若干汉文木简上发现的纪年，仅有几个月份和日期的差别。但甚至在缺乏任何完整的纪年文书的情况下，看起来作这样的推测都是有把握的，即麻扎托格拉克的遗存属于唐朝统治塔里木盆地时期的末期。这一方面可以被用汉文和婆罗米文书写的特征来证实，另一方面又可以通过在其近邻地方发现的一些建筑物遗迹来加以证实。确实，从这个被发现位于遗址西南约150码处的低沙丘之中而且高约6英尺的小废土墩中，不可能得到精确的年代学证据。它无疑代表的只是一座小佛塔的遗迹，很久以前即被人挖掘过。但一年半后，我发掘喀拉阳塔克的一座佛寺遗址（它位于麻扎托格拉克东面不超过1英里）时，那里出土的艺术品遗物则显示了与喀达里克寺庙所出同类物之间的一致性。

事实上可能是，达玛沟绿洲对面的这些遗址——喀达里克连同它下面的巴拉瓦斯特和法哈德伯克亚依拉克，麻扎托格拉克及其上面的喀拉阳塔克，现在的耕种区都被废弃于大约同一个时期，即接近公元8世纪末期。关于遗址的这种同时废弃的原因的问题，它本身对考古学家和地理学家来说都具有显著的研究意义。这些遗址的终端之间，隔着一段直线距离不下于18英里的空间。但是，还有一个更强烈的东西在吸引着我们的注意力，那就是丹丹乌里克遗址，我们尚记得在相同的时期里，时光曾目睹这个大型聚落被废弃掉了。

根据我在1900—1901年探险期间所作的观察，丹丹乌里克的水源来自一条由一条或若干条目前灌溉着策勒、固拉合玛和达玛沟绿洲的河流哺育成的渠道。亨廷顿教授对这个地区所作的认真考察，以及它上面所发生的自然变化，已经全面地证实了这一观点。现在特别重要的是需要指出这么一个事实，即丹丹乌里克的位置在较喀达里克更北56英里的沙漠中，而且在麻扎托格拉克以外不少于64英里。如果水供给的减少可以被当作是造成遗址废弃的唯一可能的原因，那么此种在既依赖于同一给水系统又如此远距离地被隔开的情况下，其年代上的一致性令人感到很奇怪。

那种塔里木盆地在历史时期曾发生过有效水供给的减少，以及它必然是与一个影响到整个中亚，而且还有大部分大陆地区的普遍的干旱化时期有关的观点，是一个由大量的稳步积累的证据正在强加给地理学者们的结论。这是亨廷顿教授的特别贡献，他揭示了那种水量减少的事实，并强调了为系统的考古学调查所能够提供的位于沙漠以及现代绿洲附近的古代遗址方面的证据的重要性。同时他还期望着这种考古学调查的结果能够支持他的一个理论：普遍的干旱化进程在为我们所知道的历史时期期间，又被一系列微小但重要的、表现为一种脉动状态的气候变化所复杂化了。通过一系列独创性的观察，亨廷顿教授极力想指出：这样假设的气候脉动，意即扩展到某些世纪的增进的干化时期，接下来又是一个反向的趋向更大量降水的时期之更替，已经对历史造成一种决定性的影响。他相信它们在中亚历史上被反映得特别清楚，因为在这个地方，典型的中大陆位置具有一种强烈的倾向，这种倾向会使任何的气候变异的发生都变得可能。

若要对这位著名的美国地理学家的这一理论尝试作一个一般性的评论分析，那已经超出了本书的范围。说到这一理论，亨廷顿教授在《亚洲脉搏》一书中已用极清晰而又吸引人的文笔描述过。

但是由于该书所作的很多具体讨论，来自对介于和田与罗布淖尔之间古遗址的观察和推理，而这些遗址我在旅行期间曾经调查过。这样对我来说明显很合适的是，我应该在任何情形下都指出，关于假设的气候变化的观点，我认为系统的考古学研究能够有把握地建立的是什么，以及除了证明其能力又能够证明什么。这种区分很有必要，因为在缺乏能揭示塔里木盆地这种变化的直接历史信息的情况下，亨廷顿教授主要从他相信是有用的古物证据中来推断它们的年代，以及用相反的方式从根据这一基础来确定的气候脉动中，去重建这个地区的经济与文化发展史。

现在让我们回到沿着策勒和于田之间的塔克拉玛干沙漠南缘的道路上来，可以肯定的是，在现在这个时候由其河流所带下来的水对达到像丹丹乌里克遗址那样远的地方，或许很不足够。除了现在的绿洲，它或许也不足以灌溉整个相邻的地区，而这些地区却能被证明在前伊斯兰时期曾被垦殖过。但是，对这一事实的一个认识毫无疑问又验证了这样一个推测：由于干旱化又重返曾耕种过的、经漫长岁月之后变得不适宜人类居住的地区，那么它们之原始废弃也必是出于这同样的原因了。

就在人类通过像考古学调查在这些佛教时代的古绿洲中所揭示的那样一种高度文明的社区形式，展开与恶劣的自然条件的斗争时，人的因素导入了复杂性的成分之中。这必须引起评论学者们的注意。当他们进行评论时必须谨慎从事，在他们得出决定这些聚落之废弃的环境和事件的结论之前，需要去寻找确定性的历史或古物方面的证据。在耕种完全依赖于一套精心的灌溉系统的地方，以及就在对后者的维护仅凭一支足够人口的有组织的合作就能够实现的地方——正像在这些邻近最干旱的大沙漠或被其围绕的绿洲中那样，一种除了水需求的原因的多样性，可以得出诸如耕种的逐渐减少或完全废弃之类的结论。由于入侵或瘟疫造成的人口减少、弊政以及从长时期的政治混乱中产生的对于安全的渴求、诸如一种衰弱的管理不足以抗衡的河道改变之类的自然灾害等，可能会单方面地或合起来制造这相同的结果。

这样就丹丹乌里克遗址来说，我们从在那里发现的一件纪年为公元768年的汉文官方文书中找到了有意义的证据，这件文书在我以前的详尽报告中已经全面讨论过。它以最值得信赖的方式表明，这个最后废弃于公元790年后不久（像其他纪年文书所证明的那样）的聚落，在公元768年时已经丧失了它的一部分人口，那时由于匪徒的劫掠，那里的人都退回到主绿洲去了。这个明白无误的记载，促使历史学者们将这个远离中心的绿洲在公元790年后的最后废弃，与紧接下来的年份间所发生的大政治风波联系起来：当时唐朝在新疆的有效管理在一个长时期的斗争之后，最终向吐蕃人的入侵屈服了。我们从伴随着那个时期吐蕃人对各地的统治及劫掠中了解到，唐朝有组织的控制和保护的消失，必然会导致遍及整个塔里木盆地的长时期的政治混乱。如果没有一个有效的灌溉管理系统和足够的人口，在干旱地区耕种就不能成功地维持其与沙漠的不间断的斗争——无论那些河流里的有效水供给会是什么样子。在混乱的年代里，这两方面的状况可能都受到了重创，而事实上没有一块耕种区会像丹丹乌里克那样，作为一个孤立的垦殖点使自身对这些创伤感觉得那样迅速和彻底。

　　显然，有一个足以解释像在丹丹乌里克那种情况下的完全废弃的理由，它也可以被合理地拿来说明那种我们必须假定在现代达玛沟以北和以东的人类居住地区所大致同时发生的水供给的减少。但我们要牢记上面详细讲到的达玛沟大坝的故事及它所能给我们的教训；而且我们最好还应该意识到，除非我们得到确切的历史记载，否则我们是不可能正确地测定出在每一个特殊地点中所造成的变化的原因。无论是寂静的遗址还是科学的猜测都不能替代它们，而在那一类可信的材料保存得像今天一样少的情况下，我们决不可以去期待那些古老的遗址来明确地回答我们关于这个地区的过去状况的所有问题。

第二章

尼雅遗址

第一节 重返尼雅河尽头附近的遗址

1906年10月6日我离开达玛沟一带继续东行，下一个目的地是尼雅河尽头附近荒漠中的古代遗址，1901年我曾在那里有过重大发现。我知道当年不得不搁下的遗址尚待进一步发掘。通往于田和民丰绿洲的这条路我已走过两次，所以我尽量加快速度。不过我稍稍改变路线，去了阿其玛。这是一处富饶的新绿洲，位于大路以北，距达玛沟耕耘区西缘约6英里。大约15年前这里突然出现了一些水泉，绿洲就此诞生。这些水泉大大丰富了喀拉克亚尔（即哈浪沟——译者）的水量，因而这块据称现在生活着600~800户人家的土地迅速得到开垦。在塔克拉玛干边缘这一地段周期性发生的对沙漠的征服中，这是极其有趣的一例。由于亨廷顿教授在《亚洲脉搏》一书中已对此地作过记述[1]，又没有古代居民任何有迹可循的遗存，故我对此地不再细述。

第二天我离开希吾勒滩地边的宿营地，去探访一个存有陶片的小塔提。我听说过这个叫吉格达库都克的地方，坐落在希吾勒兰干以南约4英里处。一块沙包环绕的滩地紧挨着从山脚下伸向托特伊玛目和普鲁尔光秃的砾石坡。没有任何遗物可明确指示当年人们在此塔提定居的年代。不过从于田绿洲现在的边缘仅在此地以东约2英里来看，这里当年肯定是于田那片大耕耘区的一部分，并且从克里雅河水道的最西端引水灌溉。顺便提一下，1908年3月我骑马沿大路前往于田，发现牙喀兰干附近耕耘区的边缘比我1901年初次到达时的地点足足远出1英里。

因为要买7只骆驼（它们后来成为我沙漠之行的主要运输工具），且还要办其他几件事，我在镇上及于田县城一直待到10月13日。又经过两天长途跋涉，我才赶到东面最后一片小绿洲——民丰。我要在这里为北边沙漠中古代遗址的挖掘工作做好准备。

1　我获得的有关这块新垦殖地阿其玛（开阔地）的信息，与亨廷顿教授所载完全吻合。不过值得注意的是，据说，早在"古代"，也早在水泉出现之前，毗邻小绿洲拉伊苏的人们就曾断断续续地开垦过阿其玛的部分土地。我看到这片绿洲南部的土地扩展了许多，原来生长着的芦苇和红柳已被旧地取代，这一情况与当地传说十分相符。在当时，或许是在19世纪上半叶，四条浇灌阿其玛地区的渠道中，每年只有一条能引入本已稀少的喀拉克亚尔的河水。在和田以西的几片小绿洲，如木吉、藏桂雅（今藏桂——译者）、皮牙勒马，我也曾见到此种情况。

从前的"寻宝"向导，被称为磨坊主的伊布拉音告诉我，我责成他对埋没在沙丘腹地的古代民居进行的进一步探察成果丰富。这令我大受鼓舞。同样让我感到高兴的是，我在1901年雇用过的民丰民工十分乐意再次参加。这一次，我决定只要带往遗址的饮水供应得上，就多挑选劳力，以加快发掘进度。老向导已经做出了榜样，再加上在叶城与我会合的干练的老听差伊布拉音伯克的影响，只用了一天时间就招到50人，还有骆驼，并准备好了四个星期的供给。

以前我曾说过，现在的民丰就是尼壤城，即玄奘所谓于阗东境之关防，1901年我在尼雅遗址发现的佉卢文书中记载的尼那可能就是指民丰。又走了三天，我到了尼雅河现在的尽头。10月18日，我们来到吐勒库其库勒，这是正在干涸的尼雅河尽头附近几眼泉水汇集而成的一个小湖，距伊玛目·贾法尔·沙迪克麻扎约4英里。茂密的森林中有一块开阔地，住着约15个人。第二天早晨，我们把不急用的物品存放好，灌满所有水壶和羊皮袋，然后动身离开这最后一处居民点，也离开了生命之源——尼雅河的终点。

我极希望尽可能当天就朝这片古遗址的北方前进。自1901年冬季那次令人兴奋的发掘以来，我的思绪常常飘向这里。但是，意外的发现使我停了下来。离开吐勒库其库勒走了约5英里，刚经过渐渐稀疏的林带中一个牧人小棚，伊布拉音和几个同伴过来告诉我，当我走进路东那片又高又密的红柳丛时，他们发现了几处遗址。往东北方向走了约1.5英里，我突然走进一小片开阔地，南北长约 240 码，宽度约是长度的一半。

在剥蚀严重的地面，可以看见栅栏残迹，一些倒伏的桑树和白杨树干，表明这是一处古代果园。靠近中央有几间泥木结构住宅的残余。露天的地面剥蚀得很厉害，没有一点积沙和垃圾遮护这些稀少的遗物。不过，在一处仍可看出墙基木，它们围成的面积约 57 英尺 ×26 英尺。在显然是一间大房的一边，有一道墙基长约 32 英尺，墙基木上只残留着一点篱笆墙。但我多年积累的观察各种建筑特点的经验足以使我断定，该遗址的年代与前面大遗址的年代相一致，在公元 3 世纪。

整个遗址位于一个高出剥蚀地面约 8 英尺的高台之上。四周是一些互不关联的物件。西北端紧挨着一些红柳根部的地方，一排干枯的桑树干依然立着，由于在沙漠中已暴露数世纪之久，长年的风吹日晒，已使这里没有留下值得一挖的东西。但古代居民居然向南深入这么远，这件事倒颇耐人寻味。由此看来，也许还有更多的废墟被埋藏在这片红柳丛生的高大沙包之中。但是在这种地方找寻它们需要花费时间，这我就花不起了。可发现自己再次置身于仿佛罗马时代曾枝繁叶茂的白杨、果树，而现在已是枯萎的树干之间，这无论如何也是一件令人激动的事。

回到原路之后，我们又经过了一条大胡杨林带，在里面走了约 1 英里。从树干的粗细和树枝的裂纹看，大部分树似乎已年代久远。还有不少枯死的树横倒在林中的灌木丛里。我不时发现沙地上有一条细长曲折的水道，好像是去年夏天正在干涸的尼雅河冲过这条林带，在沙地上冲刷出来的。不过也可能是数百年前留下的，因为巨大的野生白杨把自己的根扎得极深，以不依赖于稀少的地表水。我们走出这片依然存活的森林以及它那明丽的秋色，向西北方向拐了 1 英里路，进入一片高逾 30 英尺的密集红柳丛。这时，我发现自己又身处一小片开阔地，一排排已经完全晒干的白杨和桑树树干立在那里，这是我 1901 年就来过的一处古代果园或种植园。这里的积沙不是很厚，在一段大约 60 码的距离处，可以看到古树依一定间距植于地上。它们所在的地层比近旁剥蚀的地面高出约 10 英尺。

从麻扎来的牧羊人沙杜克提出领我去看以前未发现的几处废墟，他牵着驮水的骆驼走在前面。他带的路比我 1901 年走的那条路好像靠西一些。走了不到 0.5 英里，我们意外地来到一小块平地，东南至西北向的距离长约 300 码。映入眼帘的是光秃秃的剥蚀地面和一些碎陶片及类似的残片，周围牢固的灯芯草篱笆和一排排枯死的白杨树立在低低的沙地上。近中央处是一块岛状土墩，其上为一住宅遗址，部分墙壁以泥、木筑成，还有部分墙壁只是在灯芯草篱笆上敷以胶泥。我在后来的研究中把它编号为 N.XLI（图 34），并摄制了全景照片（图 35）。废墟墙高均未超过 2 英尺，房间全部很小。

我清楚地记得，以前在尼雅遗址这种小废墟中也有过有趣的发现。这回果然又是这样。我几乎没让别人动手，就开始清理住宅东北角一间 8 英尺见方的小屋（图 34，a 处），做尝试性挖

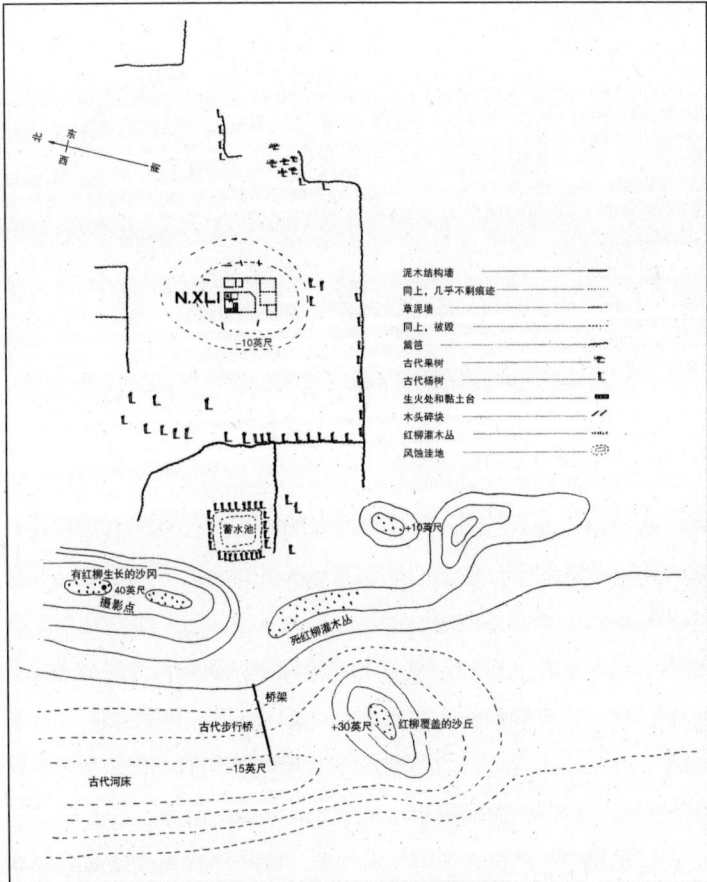

图例：
泥木结构墙
同上，几乎不剩痕迹
草泥墙
同上，被毁
篱笆
古代果树
古代杨树
生火处和黏土台
木头碎块
红柳灌木丛
风蚀洼地

图中标注：
北 东 西 箭
N.XLI
-10英尺
蓄水池
+10英尺
有红柳生长的沙冈
40英尺
摄影点
死红柳灌木丛
桥架
古代步行桥
+30英尺
红柳覆盖的沙丘
-15英尺
古代河床

图 34　尼雅遗址 N.XLI 房址及周围的地面与河床平面图

图35　自沙脊眺望尼雅遗址 N.XLI 居宅遗迹西部的全貌，显示发掘后的 N.XLI, 古代蓄水池遗迹，周围是树木、跨干河床的小桥以及枯死的果园

掘。我很快就先后挖到三块保存完好的木板，上书古印度俗语和佉卢文字，与我十分熟悉的尼雅遗址所出其他木质文具属同一类型。一块是一件完整的矩形双简，其木盖或封套尚存。另一块是相似文书的底简。还有一块是 Takhtī 形标签，菱形柄上有一个绳孔。此外发现一件青铜匙的匙把和匙碗头部，以及一件似为凿子的青铜器。发现这些古代书信的残余并不新鲜，不过，得到它们还是令我很高兴，因为它们展示出一个令人兴奋的前景，也提供了一个我正在找寻的结论性证据，那就是，1901 年我初次发掘的废墟以南 4 英里外的这片区域所出遗物属同一古远年代。

　　我急于当天将大队人马、装备带往伊布拉音报告的遗址西北

部的大群未掘废墟，所以很快就不得不把自己从这个诱人的地点扯开。在一片活树和死树间杂的野生白杨林中前行 0.75 英里，看见一组古代房舍，我只能约略一看。一列红柳丛生的高大沙包正好把这些废墟和东边我 1901 年走的路线隔开。年代已久但依然枝叶茂密的胡杨树生在废墟附近，看起来颇有趣味。周围的树多已枯死，剥蚀程度不一的细长枝干向上伸出。这片森林极可能在沙丘埋没这些古代住宅废墟后很久才生长起来，现在已濒临灭绝。面对这些树干已枯萎裂开，但枝冠依然吐露生机的古老树木，我心中不由得生出敬意。悠悠数百年，这些沿河森林最后的前哨经历了多少大漠之中的持续干旱和恶劣气候！

又经过一段艰辛的跋涉，在一片宽阔沙丘和有少量红柳丛的较开阔地带中走了 3 英里，我们来到 N.III、N.IV 两处大住宅。这里是 1901 年那次探察的最南端。数年来的时光流逝对废墟没有太大的影响，裸露木材剥蚀的程度与照片和我的记忆也几乎没有什么区别。仅有数英寸厚的积沙覆盖在我上次在所谓衙门的 N.III 与那把古椅一道发现的翻倒的顶饰和其他几件大木雕上。当时我不得不把那把椅子留在原处。我高兴地看到，被墙壁遮挡下来的流沙已将我们上次挖掘的房间完全填满，和从前一样起着保护作用。只是附近的沙丘看起来矮了一些。向北行 1.5 英里之后，来到我第一次的宿营地的那座土坯佛塔。当年尚掩埋在流沙中的最下一层塔基已经因风吹而裸露。但我没有时间做进一步检查。

我们穿过一片高隆的沙丘向西北方向走。我带领稀稀落落的队伍尽力前行，争取在天黑之前赶到 2 英里外的一小片剥蚀区域。我知道，这里离我上次探险看见的那几所房屋废墟已经不远。当时，我未能进行挖掘，只好留待后日。扎好帐篷后，我就动身去找它们，并很快就步入积沙掩埋的木材之中。我所在的这处废墟，一副饰以犍陀罗风格雕刻装饰的大木托架裸露地横倒在地上。我坐在上面小憩了片刻，心中充满对仁慈的命运之神的感激，是她又一次让我横穿大漠，克服重重困难，来到这片神奇的土地。当时我做梦也没有想到，离我最近的一处废墟中竟有异常丰富的考古宝藏正在等待着我。

第二节 西北遗址群

10月20日清晨，我将队伍一分为二。离开山中的工作在民丰与我会合的拉姆·辛格带着三只骆驼和充足的饮水向东北方向前进，去寻找尼雅村民伊斯拉木阿洪曾经要领我们去看的遗址。我们知道那里需一天行程。伊斯拉木阿洪说，1902年冬他曾跟随一大队人马来过这个遗址。那些人大多是"被困"在伊玛目·贾法尔·沙迪克的冒险商人，意欲到此"寻宝"。在五六天毫无收获的游荡中，他曾到过佛塔东面或东北面十几二十几所旧房舍。测量员和当年"寻宝人"一样，对地形不甚了解。可他要尽一切努力找到那个遗址，然后在一天内尽量向正北方的沙漠深入，但不能累坏了骆驼。我则与其余人员一道由伊布拉音带路，翻过高大的沙丘，向西北偏北方向走，去寻找1904年冬他那次为期颇长的"寻宝"探险时发现的住宅废墟。那一回探险老实说是一无所获。

走过废墟N.XII不久，我们看见最后几棵活胡杨树，然后不得不翻越陡峭的沙丘。这些质地密实的沙丘隆起在一片沙包中，顶部红柳丛生。在这里走得要慢一些，我们花了整整一小时才走完2英里，来到一个存有陶片的小塔提，然后就到了伊布拉音所说的最近一处废墟。该废墟是一座泥木结构的住宅，半埋在一座大沙丘中，恰好在红柳生长线以上。一个蓄水池紧挨在旁边，四周是枯死的白杨树。在光秃的沙丘上又走了1.5英里，我接连遇到伊布拉音所指的古房舍。它们沿一条显然曾由尼雅河引水的灌渠的最西北段排列成行，坐落在我们1901年就曾发现的最北一组废墟N.VIII西面和西北面2英里之内，与伊布拉音第一次向我提到它们时所说的情况完全一致。不过，当年由于一条沙丘高冈的遮挡，我们没有发现。我在这片废墟北端附近选了一块风化的开阔地作为营地，并立即在最远一处废墟上开始当天的工作。往北一段距离，又出现了几块散布着陶片的地面。但是，朝那个方向光秃的沙丘望去，尽管视野非常开阔，却看不到任何建筑物遗迹，如通常在很远就能看见的沙地上的柱子。

首先挖掘的废墟接着1901年的顺序编号为N.XIII。由于风化作用，周围地面成为洼地，这里看起来像是一块高地，N.XIII就坐落在这块高地狭窄的北端。与高地相连的是一条支渠渠址，两旁排列着枯白杨树。高地东端和北端洼地已低于地面足足15英尺，西端的洼地有10英尺多深。该废墟较小，外围约15英尺见方（图36），内部积沙均未超过地面4英尺。这已足以保护一定数目有价值的小物件，也保护了墙壁，从而保留了它的基本结构特点。

大房间的墙壁用泥、木筑成，与我1901年挖掘的所有较为坚固的房舍盛行的建筑方式完全相同，因而我不在此进一步详述。主要由红柳条斜纹编成的席子塞在一个做工精良的胡杨木框里，表面敷上灰泥就成了墙壁。这在图37中清晰可见，那张照片拍摄的是清理之后大房间的南面。只是在那间似为厨房的房间（室iii）

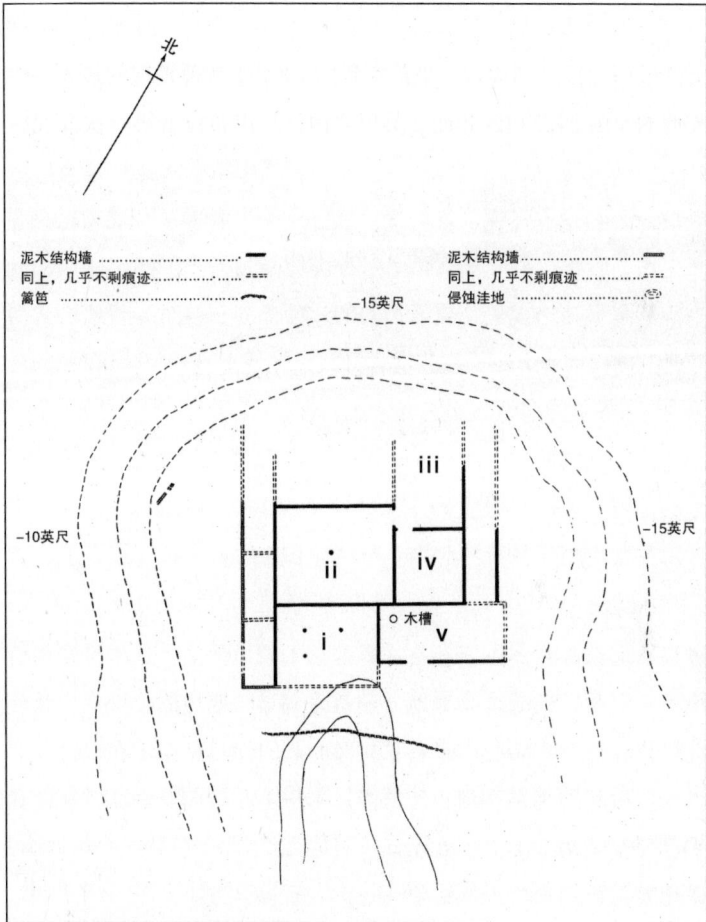

北

泥木结构墙 ......

同上，几乎不剩痕迹 ....

篱笆 ......

泥木结构墙 ......

同上，几乎不剩痕迹 ......

侵蚀洼地 ......

-15英尺

-10英尺

-15英尺

iii

ii

iv

○ 木槽

i

v

图 36 尼雅遗址 N.XIII 房址平面图

图 37　尼雅遗址 N.XIII 废弃住宅的南屋，发掘后

才没有用斜纹席，以横扎在一起的苇条取而代之。这种筑法尽管少见，但我在此遗址其他地方还是碰到过。西边的小外间，墙体结构粗糙得多，墙心用竖着紧扎在一起的灯芯草固定在横衬条上做成，衬条安装在雕刻不甚精美的木柱上。灯芯草墙面的灰泥几乎已完全剥落，不过，这里以及其他几处灯芯草墙的位置却保存得相当完好，或许它们没有经受多少流沙的侵蚀。

　　最南端那间屋子（室 i）的清理工作刚刚开始，就在靠近表面的地上发现一把木椅，其上雕饰的图案和技法与 1901 年在 N.III

图 38　木雕，椅腿

图 39　木雕，镶板

发现的那把古椅十分相似。在 N.XIII 发现的两条椅腿（图 38）和一块镶板（图 39）可能是同一把椅子的部件。在它们上面，最明显的特征就是有一朵在犍陀罗饰纹中十分常见的四瓣四萼花，显然与犍陀罗式装饰一脉相承。

挖到地面后，我极为满意地找到一块完整的佉卢文木简。它是一件保存完好的楔形双简，其封泥印记亦保存完整。此屋发现的另两块写板及写板上都有同样的印记，均为一手法古朴的卵形阴文印章所印，图案为一幅带翼裸体男像，我早先曾认为是爱神

图 40 尼雅遗址 N.XIII、XV 遗迹居址中发掘出土的家具和工具

厄洛斯，但伍利先生认为它与戴克里先钱币上的罗马守护神革尼乌斯属同一类型。在其伸出的左臂下有一个小像，似面向它，仅可辨出头臂。方形印座印出的印记呈现出模糊的字迹，好像是佉卢文，或许是印主的名字。

在此处发现的遗物中，图 40 所示的小木箱值得一提。木箱纵向两侧有一绳孔，四块侧板上缘刻有榫槽，说明当初还有箱盖，由系在其上的绳子扎紧，与敦煌烽燧所出古代中国药箱的箱盖一模一样。从箱子的尺寸看，它可能是用于收存木写板，如 N.XV、楼兰遗址以及古代烽燧沿线所出的那种汉简。

毗邻的中屋 ii 清理完之后，发现了一大批古代佉卢文文书。这间屋子显然是最后一位住户的公事房。此人可能是下级官吏，公元 3 世纪末该遗址被废弃时，他丢弃了这些"废纸"。这里起码出土了 12 枚木简，几乎全部保存完好。有趣的是 5 枚通常用作简短的半正式公文的楔形双简中，有 3 枚未曾启封，捆扎依旧。图 41 的复原图完全重现了这种捆扎方法。其中 2 枚木简封泥上均印有先前提到的那枚古印章。五副矩形双简中也有一副 N.XIII.ii.7 未曾启封。图 42 颇为奇怪，它原是一枚楔形双简的盖简，后被改制成一个分开的印盒，与我在先前挖掘所见的情况相同。另一个不容忽视的情况是，矩形双简 N.XIII.ii.1 的底简背面，有一个少见的签名，第一行是婆罗米文，根据拉普森教授善意提供的信息，N.XIII.ii.2 是该简精确的复本，但没有这个签名。

东北角狭窄的房间 iii 也出土了 6 件佉卢文木文书，但保存不佳。据该处发现的陶壶碎片及各种日用品判断，此屋显然是一间起居室。日用物品中有一副捕鼠器（图 43），一个楦头，一把织布所用木梳。木桶、木耙各一，筐两只（图 37）。在毗邻小屋 iv 发现一只平底木盘，根据其突边上刻凿的图样，民工们认为这是一只进餐时用的托盘——完全正确。最后，在窄小的房间 V 发现一块雕刻粗犷的木板（图 44），为一家具上的散木板片。其花卉雕刻图案明显与前文提及的木雕椅的图案相同。图 37 所示那件大

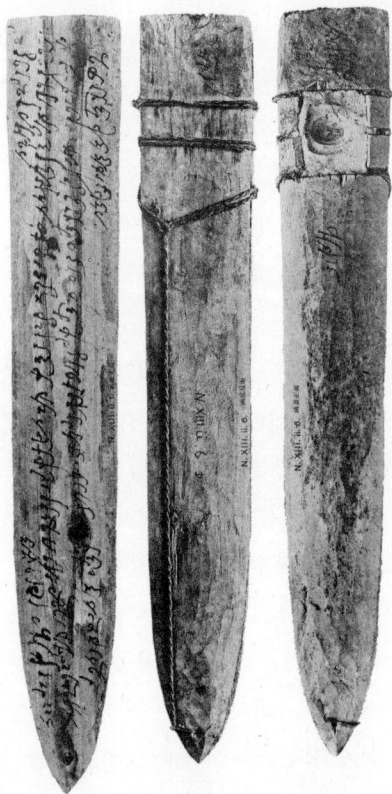

图 41　楔形佉卢文木牍

图 42　印盒

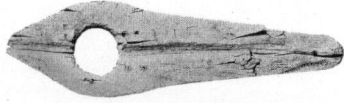

图 43　木质捕鼠器

图 44　木雕，家具散木板片

圆木板恐为一地下圆槽的盖板。图40左侧那件木轴式长器具作何用途尚未可知。

　　清理完这座住宅后，我们于下午折返到一座更大房舍的遗址N.XIV。该遗址位于西南方约0.25英里处，距营地极近。枯裂的木柱仍有9英尺多高，标示出一间大厅墙壁的所在。遗址长56英

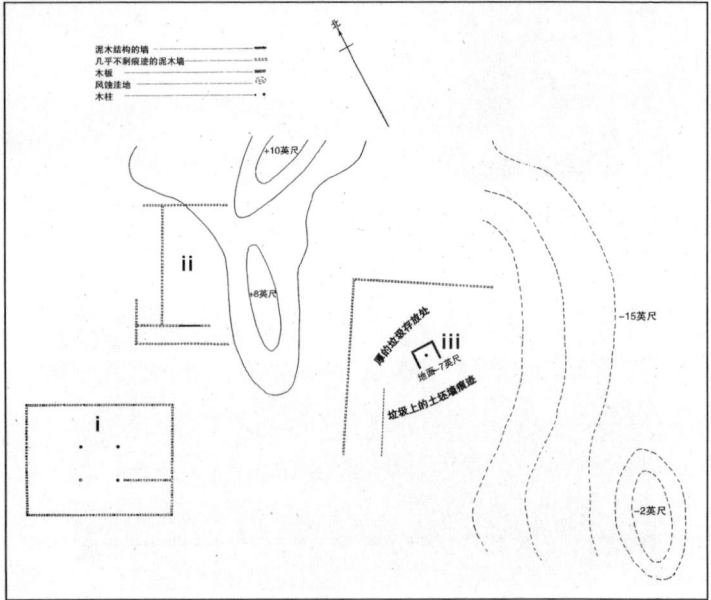

图45 尼雅遗址 N.XIV 房址平面图

尺，宽41英尺（图45）。在一块似为中庭的空地附近，支撑屋顶的粗大木柱仍立在原处，十分引人注目（图46）。遗憾的是，除了这些结实的木柱，大厅 i 的墙壁以及散弃在屋内的各种器具均完全风化了，地表积沙也仅 1~2 英尺厚。毗邻的东北面，散布着同样遭风化毁坏的住宅 ii 残留的木材碎片。对此处及大厅内进行

图46 尼雅遗址 N.XIV 大厅遗迹，自西南望

的清理工作均未有任何收获。

不过，当我顺着另一间严重风化的大房舍 iii 稀稀落落的墙壁残迹向东走去时，我很快意识到它的地下是一个大垃圾堆。大房舍 iii 东北至西南方向长 53 英尺多，宽约 50 英尺。根据我的经验，我决定挖掘这个难闻的垃圾堆。尽管已埋在地里 1 600 多年，

但垃圾堆散发出的刺鼻气味仍异常难闻。风把灰尘之类的脏东西刮进我们的眼睛、喉咙和鼻子里。东边风化而成的洼地为挖掘工作提供了便利。我很快就弄清楚这一大堆垃圾主要是与杂草、树枝混杂在一起的马和骆驼的粪便，还有各种毛、麻织物碎片，毛毡碎片以及穿用的皮革、毛皮。傍晚，我辨认出一些木柱，柱头刚露出地面。木柱位于木板围成的一块长约 8 英尺、宽 6.5 英尺的池子上，它完全埋在垃圾中。在此处发现几块精美丝织物残片，一小片上书佉卢文的皮革以及一块木牍状小写板，上书汉字，笔法精湛。这时天黑了下来。我们头一天的工作到此结束。

　　第二天一早，所有可用的劳力都继续进行挖掘。这些畜棚垃圾被挖到底，可以看见地面的土了，那个池子也完全暴露了出来。池子朝南敞开，其地面比该遗址现存残迹所在高度低 7 英尺，5.5 英尺高的木板保存完好。池底麦秆和散落麦粒的数量表明，该处可能是一座饲料仓，据近旁的垃圾来看，牲畜在这里拴养了很长时间。此外，还有证据表明此处曾是更早期住宅的垃圾箱。在粗糙的垃圾中，与各种谷物混在一起的还有各种稀奇古怪的废物，如各种丝、毛、麻织物的碎片，绣花皮革、毛毡碎片，编织的带子和搓成的细绳，精美漆器的残片，破碎的木质器具，等等。下文我将简略提到这些东西。

　　但更为重要的发现是 12 枚以上散布在整个垃圾堆里的标签状小木简。其中 8 枚上书汉字，字体优美，保存完好。另一枚完整木简及两件残片也书有汉字，其余则为空白。这时我才为自己把出色的汉人秘书留在吐勒库其库勒照看存物而感到莫大遗憾。当时，我主要想免却他经受沙丘旅行之苦及露宿荒漠之难，因为他此生从未经历过这种锻炼。后来，当我弄清这些小木简的文物价值时，心里感到更后悔。

据我们与蒋师爷会合之后他在途中所做的迅速检查，我才明白，从简文内容看，这些木简是与数种礼物缚在一起的禀给文书。而我直到1901年之后才意识到这些文书的重要性。

在一枚木简的一面，送礼者题写了自己的姓名、礼品及祝辞。另一面是受礼人姓名及头衔。有一例是一位王母向其子赠礼并致意，另一例是一世袭王子之妻向国王一位妻子赠礼，等等。所载呈礼之人还有某位王室显要，一位名为"春"的公主，以及年轻的世袭王子，等等。

多数王室要人及呈礼人都以姓名称呼，但想要从汉文史料中确认这些人看来希望不大。因为他们只是某一地方小王室的成员，现存编年史中断断续续有关西域诸国的史料中都不大会记载他们。所有木简均未记载该王室所辖地的名称，该遗址显然是其中一处要地。值得注意的是，在 N.XIV.iii.10 一位国王的妻子被称为且末公主，古且末即今且末，位于东面去罗布淖尔的途中，距此地约10天路程。

既然此处明确提及且末，尼雅遗址所在古代绿洲的统治者又与该地密切相关，这就向我们提出一个问题：该统治者所辖为何地？因为那些小木简已表明，该古代绿洲有自己的王室，所以我确定该遗址是精绝国一处要地。汉代至唐代的汉文史料均载，精绝位于且末以西。据《汉书》记载，精绝国东去且末2 000里。西通扜弥460里。扜弥当在策勒—于田一带，故尽管史载且末、精绝两地相距遥远，我们认为精绝位于尼雅河流域。精绝国王治称精绝城，对其人口的估算足以证明其所辖地区有限："户四百八十，口三千三百六十，胜兵五百人。"

《后汉书》未详载精绝，只是在记述玉门至于阗的道路时提及鄯善、且末、精绝三地。《魏略》所列罗布淖尔至于阗"南道"诸国中，亦有精绝。不过，《魏略》明确记载，精绝与且末以及另一个显然是指地处且末以南喀帕与阿羌之间山区的小国小宛同属于毗邻罗布淖尔的鄯善或楼兰。这一记载非常有助于确认精绝的所在，尼雅遗址或许就是该国一处要地。首先，它源自我们推断的尼雅遗址刚刚废弃之时。另一方面，它有助于理解为什么我于1901年挖掘的汉简中有一枚盖简上写有鄯善王的诏令，以及为什么我在后文要提到的N.XXIV所出木简中，有两枚盖简捺有鄯善郡印。

《唐书》中还以于阗东的"小国"之名记载精绝，不过毫无疑问，汉晋两代作为精绝国王治的古尼雅遗址到那时已被废弃了数百年。我们还注意到，在唐朝统治伸展到塔里木盆地之前若干年，玄奘即已知道尼雅河边的尼壤城（即今之民丰），当时乃为于阗东境之关防。因此，将《唐书》所载精绝看成今之民丰绿洲的古称似乎较为妥当。这样东去于阗700里亦与实际情况十分相符，通常从和田至民丰正好需走七天。

　　N.XIV.iii 所出汉简只能说明当地长官的住所就在这个大垃圾堆附近。这个不见史籍的王室留下的奇怪遗物，是从大厅 N.XIV.i 扔进垃圾箱的，还是这个大厅在未被垃圾掩埋之前曾属于更早一座大建筑物，而该建筑物早在公元 3 世纪末遗址被废弃之前就已消失得无影无踪？如果当时我就认识到这些小汉简的意义，我一定会继续向 N.XIV.i、ii 的地下挖掘，并通过其他切实可行的办法，解答上述问题。

　　虽然找到的其他证据尚不足以形成一个明确答案，但值得认真记录。首先，有一个事实值得再次提及，发现木简及其他具有考古价值的垃圾的那个木板围成的池子，其底部比房舍遗址及风化了的泥木墙残余所在地面整整低 7 英尺。按平面图（图 45）所示，这道墙围在大垃圾堆的东北和西北边。这个高度差只能有下述两种解释：其一，在我们认为可能是王室住所的建筑物一侧，本来就有一片自然形成的洼地，很适合用作畜棚并放置废物，直到其表面与西边邻接的地面齐平。后来就在上面盖起了建筑物。其二，我们假设，室 i、室 ii 的地面原本与垃圾堆 iii 所在地面等高，与后者地面由于不断扔垃圾而逐渐升高一样，室 i、室 ii 的地面也由于长期在其上不断翻盖建筑物而升高。以上两种假设哪一个更合理，我现在尚不能确定。不过另有一点值得注意，在垃圾堆西南部我发现一堵环绕着的墙壁残迹，由土坯砌成，厚约 3 英尺。中间残片内夹杂着几块灰泥，似曾经过火烧。这些残留物被夹在垃坂中间，高出自然地面许多。

有鉴于此，从木板池中发现的那些乱七八糟的东西（大部分在其下部）的年代就可能比遗址临近废弃那段时期要早得多。这就值得对垃圾作进一步研究，看它们是否能提供任何年代学证据。看着在第一个地方发现的汉简，我注意到，它们的字体与我1901年在这个遗址的另一个垃圾堆N.XV发现的汉简截然不同。我一点也不懂古汉字字体，但凭印象，我认为N.XIV.iii汉简上这些字体优美的汉字的书写风格更接近我沿敦煌烽燧发现的两汉时期木简的字体风格，而与我在尼雅遗址和楼兰遗址发现的晋代木简字体风格相去甚远。不过这都要留待资深汉学家来判定我的印象是否准确，以及字体相像的原因是否是因为二者年代接近，而不是古代书法源流使然。

在垃圾箱中保存的其他小型遗物中，有几件特别有价值。诚然，我们几乎从不指望得到中亚和中国古代纺织工业发展的足够严密的知识，以便能够从各种丝、毛和毡织物碎片中找到年代学迹象。但据哈诺塞克博士对典型标本所作的分析，这些材料中完全没有棉花，这一点值得注意。以三角形毡条精心制成的锥形头饰也十分古怪，因为其形状与弗里几亚（小亚细亚古国）垂尖圆锥帽相仿。两枚箭镞分别用铜和铁铸成，其形状与尼雅遗址其他地方及楼兰遗址发现的镞头没有什么区别。还有几块铜片（图47）当然也不寻常，好像是一副鳞片铠甲上的，不过它们是在N.XIV.iii附近剥蚀地面发现，不是在垃圾堆中发现。一双代表中国人进食方式的筷子中，有一支是漆筷，和那个制作精细的漆木框一样，很可能来自中国内地。以皮革精心制作的装饰性纽扣镶边（图48）以及嵌有精美图案的假宝石垂饰或纽扣（图49）说明，住在这里的人衣着华丽。家具则有两条设计精巧的圆木椅腿（图50为其中之一）。另有两块榫合在一起的木片虽然不大，却很有价值。通过与敦煌烽燧发现的大量相似遗物进行对比，我认为它们是印盒，但其真正用途尚不清楚。不管怎样，在尼雅及楼兰遗址发现了大批用作文具的木质小物件，在敦煌沙漠的汉代古烽火台遗物中只找到一件类似的东西，这倒值得玩味。

在 N.XIV.iii 垃圾堆的清理结束之前，由于手头有足够的民工，我又开始对南面一连串小废墟进行挖掘，由奈克·拉姆·辛格监督。等我把所有民工都集中到这里时，挖掘进度就相当快了。有些住宅风化得很厉害，但其墙内极少积沙。有些住宅则保存得不错，但清理室内厚厚的积沙却要费很大劲，有一两间屋子积沙堆至屋顶。由于饮水不得不限量供应，人渴得难受，但民工们仍极其坚韧地挥动着砍土镘。谁头一个发现有价值的东西都将得到赏钱，这种鼓励就足以让他们每天苦干 10~11 个小时。

在 N.XIV 以南约 0.5 英里严重风化的小住宅群中，第一个清理出来的废墟 N.XV（图51）出土了一些保存完好、形状不一的佉卢文写板，两件棍状器具，似为纺织用具，以及一副长 5 英尺、劈裂严重的木托架（图40），还有其他一些简单的图纹。N.XVI 仅留下一点残迹（图52），现存的墙壁由灯芯草和灰泥筑成，唯

图 47 铜器具

图 48 皮革纽扣镶边

图 49 嵌有图案的纽扣

图 50 木雕，椅腿

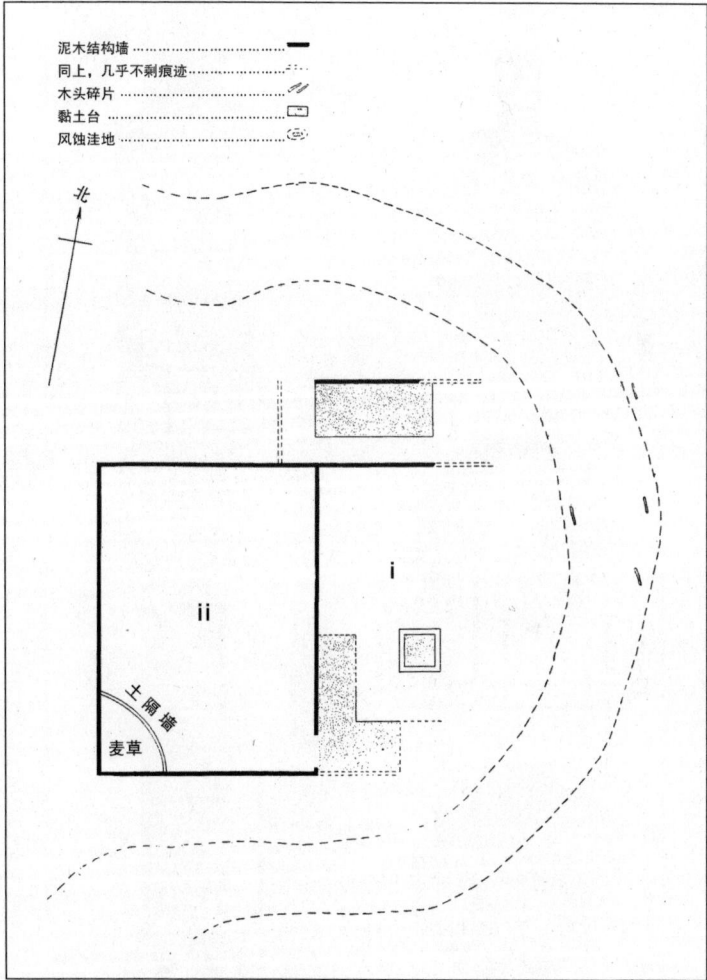

图例：
泥木结构墙 ……………………………
同上，几乎不剩痕迹 ……………………
木头碎片 …………………………………
黏土台 ……………………………………
风蚀洼地 …………………………………

北

ii

i

土隔墙

麦草

图 51　尼雅遗址 N.XV 房址平面图

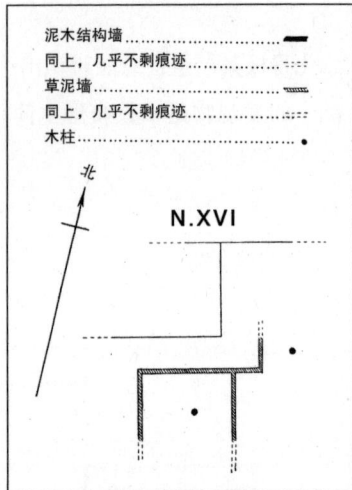

泥木结构墙 ....
同上，几乎不剩痕迹 ....
草泥墙 ....
同上，几乎不剩痕迹 ....
木柱 ....

北

N.XVI

图 52　尼雅遗址 N.XVI
房址平面图

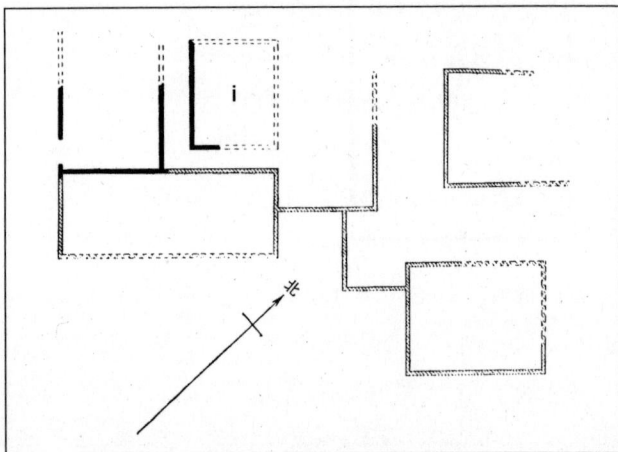

i

北

图 53　尼雅遗址 N.XVIII 房址平面图

一值得一提的东西是一根圆木棍，可能是位鞋匠的量具。N.XVII
废墟风化得极其严重，只能辨认出一小间屋子以及一个坐人的土
台。唯一的发现物是一枚楔形木简，方头一端书有一行佉卢文。
它原本可能是楔双简的底简，后经削平当作便笺使用。

　　东—南东 1 英里之外一处小群住宅中，废墟 N.XVIII（图 53）
规模较大，但已完全风化。除一枚佉卢文文书的矩形盖简外，还
发现了一个木质大餐盘，餐盘有 6 英寸高的支脚（图 40 的后景）。
发现的另一样东西是一枚平木戳，表面简单地刻着一头牛，其用
途不明。东南面 15 码开外，有一个明显是果园的遗址，几棵枯死
的桑树排成一行，高 10~12 英尺（图 54）。显然，数百年来它们
受到沙丘的保护，得以留存下来。

　　N.XIX 是位于 N.XVIII 东面 0.25 英里外的一座住宅，被厚
2~5 英尺的积沙掩盖着。图 55 拍摄的是它的东部在挖掘前的情况，
其平面图见图 56。住宅由两组房间组成，一个带围栏的小果园把
它们隔开。果园中有桑树，树干平卧在沙地上。大部分墙壁是泥
木结构，墙衬是斜纹编织的红柳席。西边那组房屋的 i 室出土了
一枚楔形佉卢文木简的底简，ii 室出土了一只完整的罐子，高 21
英寸，罐身最粗处直径 19 英寸，罐口直径 6 英寸（图 40）。在东
边房屋的过道发现了三枚标签形木简，一只涂以红、黑漆的碗的
碎片，两只尺寸不同的靴楦（图 57 为其中之一）以及一件小木质
器具（图 58），它可能是一条火钻皮带上的柄，或是一根绳子上的"死
扣"。在最大的房间 N.XIV.iv 中，发现了两根保存完好的门侧柱，

图 54 尼雅遗址 N.XVIII 遗迹东南古代果园中的死桑树

上面雕刻着现在在旁遮普称为 jaudāna 的图案。N.XIX 东边和南边有两处小遗址，距离分别为 30 码和 10 码，已完全风化，只残留着一些柱子，刚刚露出低矮的沙丘。第一处遗址南侧，立着一排大杨树（胡杨），树与树间距较近。

清理完 N.XIX 之后，我于 10 月 21 日傍晚向东穿过沙丘，去观察一个大废墟，它的柱子高出沙丘，远远就能看见。和预料的

图 55　尼雅遗址 N.XIX 住宅遗迹的东面，发掘前，自南望

一样，它是一座古住宅 N.VIII，1901 年被我挖掘过。废墟上面和周围的积沙以及毗邻的废墟好像没有太大变化，这时测量员拉姆·辛格回来了，带来一个令我灰心的消息：伊斯拉木阿洪，即那个提出带我们去看东边新发现遗址的尼雅村民，完全迷路了。他一个劲地向北走，明显与他当初的话相矛盾。经过一天艰辛的长途跋涉，没有找到任何废墟，这时他才承认已经迷失了方向。

第二天，伊斯拉木阿洪带路向东南方向走，试图找到什么路标。但是，他显得越来越迷糊，测量员认为还是在已经显露疲态的骆驼累倒之前转回我的营地为好。尽管绕了不少弯路，沙丘也越来越高，拉姆·辛格所到的最远处，在1901年最北端的营地又朝北

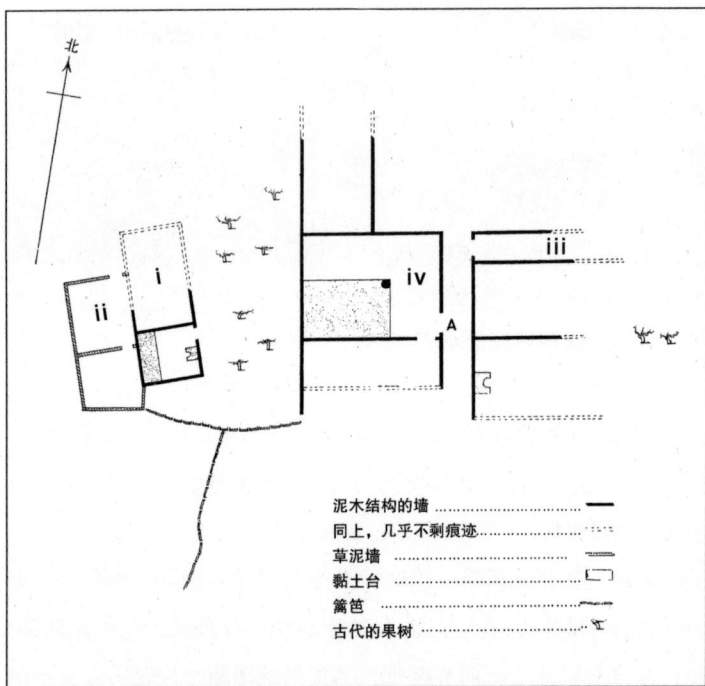

图 56　尼雅遗址 N.XIX 房址平面图

图 57　靴楦

图 58　木器

伸展了足有 30 英里。更为重要的是，他说在那个方向上根本没有古代废墟，我相信这些话的准确性和他的锐利目光。他看到地上遍布沙丘，一般高度均在 10~15 英尺。他还注意到，只是在 N.VIII 以北 1 英里开外的地方，有一小块剥蚀地，上面有陶片。奇怪的是，他的向导在他 1901 年踏勘所到的那道高大沙梁以外居然发现了一小片活胡杨树林。

　　显然，要么是伊斯拉木阿洪和第一次探险结束后被揭穿的那个同名的和田骗子一样，沉溺于幻想之中，要么就是他记不住地形。不过在没有验证之前，不能仅仅因为他走错道路而迷失方向——或者相反就否定他所说的在我挖掘过的废墟以东还有遗址。第二

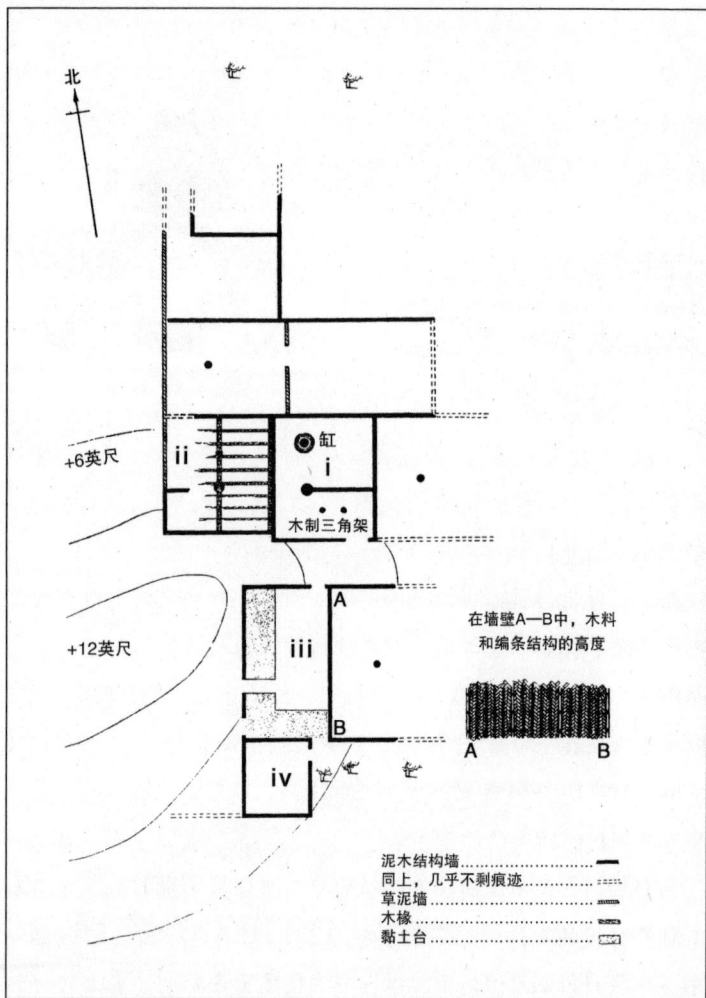

图中文字：

北

+6英尺

+12英尺

ii

i

缸

木制三角架

iii

A

B

iv

在墙壁A—B中，木料
和编条结构的高度

A　　　　　　　B

泥木结构墙..............................
同上，几乎不剩痕迹..............
草泥墙.....................................
木椽...
黏土台.....................................

图 59　尼雅遗址 N.XX 房址平面图

天早晨，"磨坊主"伊布拉音带着麻扎来的机灵的牧羊人沙杜克阿洪和另一个胆子大的同伴被派往东面勘察。我不止一次地听说那些被鸦片弄得身体虚弱、得过且过的人进入沙漠想寻找古遗址中的珍宝，因为迷路喝光身边有限的一点水之后就命丧黄泉了。或许我在 N.XIX 和 VIII 中途看见的那具横陈在沙漠中的骷髅就是这种下场。由于大部分骨架尚存，表明裸露风蚀的时间不会很长。这个发现对我并非全无用处，伊布拉音就是看见了它才向我提到这个坟墓，或他所谓的麻扎。他是最后走到 N.XIX 东南方一处地方时看到骷髅的。后来又遇到这种事。

　　10 月 22 日的大部分时间都花在对 N.XX 的清理上。这是一座较大的房舍。图 59 为其平面图，图 60 拍摄的是其挖掘前的情形。整座房屋南北长 90 多英尺，积沙厚达 7 英尺。东边的建筑已遭风化，西南部分却掩埋在附近一座沙包中，实际上我也花不起时间把这部分完全挖出来。室 ii 完全被积沙掩埋，堆至屋顶。从地面至屋顶高约 6 英尺 7 英寸。屋顶是以短椽木构成，上面覆盖几层灌木枝，整个屋顶压在一根粗大的纵梁上。毗邻的东屋室 i 是一个厨房（见图 61 的前景），两只大罐即发现于此。那只完整的罐子最粗处直径达 3 英尺，罐高 2 英尺 8 英寸，罐口直径 10 英寸。这只罐子当年被打裂过，挖出来时还有一根绳子扎着。这间屋子一处壁凹中有两根分杈的木柱构成一个支架。房舍北面的墙壁要么是泥木结构，中间衬以斜纹红柳席，要么是在竖扎起来的灯芯草束上敷以灰泥。

图 60　尼雅遗址 N.XX 住宅遗迹，自南望，发掘前

　　房舍南边的几间屋子建造得较为精致（图 62），从房屋框架中央的几根柱子看，屋顶高达 8 英尺。平面图（图 59）显示了室 iii 东墙木头、篱笆结构的细节。这间屋子的其余墙壁以及那间小屋 iv 的墙壁由苇草束横扎而成的篱笆扎在立柱上构成。这两间屋子墙上的灰泥特别坚硬，还保留着粉色涂料。室 iii 北门近旁涂抹有一只五指张开的手的轮廓。两扇小门精细地安装在木柱上，门

图 61　尼雅遗址 N.XX 住宅废墟，自东望，发掘中

柱略微倾斜。这两扇门从室 iii 通向另两间房间，由于埋在上面的沙丘太高，无法清理。这两扇门中的一扇，门楣离地面 5 英尺，南边还有一扇门，它们都可以直接由坐人的土台上走过去。在室 iv 中，发现了一小枚木简。仅有的另一个发现是在一间北屋中找到的褐炭印章（图 63 ）。

　　N.XXI 是一座小住宅的遗址，坐落在 N.XVIII 和 N.XX 之间，已被剥蚀得低于泥地面 6 英寸多，只有两间 10 英尺见方的小屋在风化而成的小土墩上依稀可辨。在北室坐人的土台之下，散落着一个人的头骨，其余尸骨横陈在下面的斜坡上。这难道又是一个不走运的"寻宝人"？这里发现的其他东西有：一小枚长形佉卢文木板，一个手工大陶器绘有花纹的颈部和握柄（图 64），一只漆木碗的碗底，上面还留有古代补碗时的铆钉。

图 62　尼雅遗址 N.XX 遗迹的 iii、iv 号房屋，自东望，发掘后

图 63　印章

图 64　陶器

　　这片废墟最南端的是 N.XXII，距 N.XX 和 N.XXI 约 0.25 英里。依稀可辨的房间组成了一套坐北朝南的住宅（图 65）。由于出现一座高达 13 英尺的沙包，清理起来很困难。沙包毗连在东侧，掩埋了部分遗址。清理这几间屋子几乎花去 10 月 23 日一整天，发现了一大批佉卢文木简。在最北边的室 i 是以灯芯草和灰泥筑墙，从中发现了 7 枚木简，大多为长方形，一把织工用的木梳（图 66），还有一个奇怪的小木偶，腿关节是活的，套着鲜艳的丝绸衣服。在相邻的小室 ii 中发现了两枚长形木简。室 iii 出土的佉卢文木简

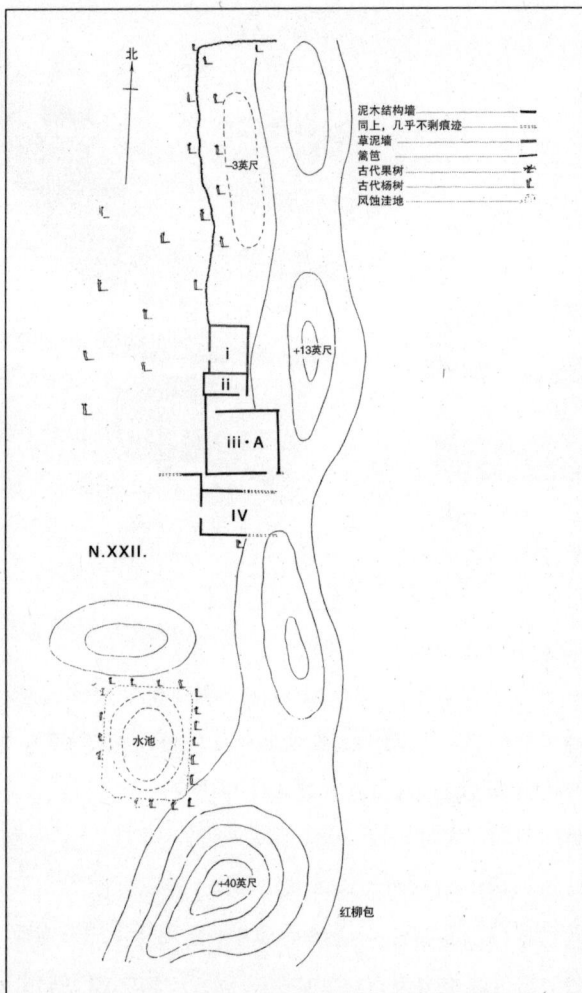

图例:
泥木结构墙
同上，几乎不剩痕迹
草泥墙
篱笆
古代果树
古代杨树
风蚀洼地

北

-3尺

+13英尺

i
ii
iii·A
IV

N.XXII.

水池

+40尺

红柳包

图 65　尼雅遗址 N.XXII 房址平面图

图 66　木梳

更多。房间长 21 英尺，宽 18 英尺，积沙厚达 7 英尺。23 枚木简中大多为楔形简，其中 3 枚是完整的楔形双简。在一枚盖简的背面，封泥印记仍保存完好，和我 1901 年挖掘时见到的十分相似，是带着盾和雷电的帕拉斯雅典娜像。同一印记还出现在另一枚盖简上，但印迹模糊。所有木简在挖出来的时候都附着在地面上，而且裹着一层污垢，说明它是在住宅还住着人时被丢弃。

在各种各样的发现品中，最有意思的莫过于一个大橱柜了。它四条腿较高，雕刻得很奇怪。它肯定和现存新疆农民家里的馕箱一样，用于存放食品，它的腿之所以刻成那样，显然是为了防

图 67　尼雅遗址 N.XXVI 遗迹 viii 号房屋中的古代橱柜

图 68　尼雅遗址 N.XXII 遗迹南面的古蓄水池

止小老鼠之类爬进去，图67中的那个橱柜，在尺寸和形状上都与之相仿。住宅的北边有一道顺着一排白杨树干筑成的灯芯草篱笆，树干多已倾倒，篱笆延伸了105英尺，在一个沙包下消失。南边不远处，可以分辨出一个古代涝坝的长方形遗迹，长36英尺，宽28英尺，围着一排大白杨树（图68）。涝坝一侧的大沙包高超过42英尺，是南边最后一个长着红柳的沙包。

第三节　档案室 N.XXIV 出土的文书

10月24日傍晚，我把营地挪到一小片遗址附近。1901年我是在即将离开时发现了这些遗址，顾不上做系统挖掘。我一直想再来到这里。他们集中在那时似乎是古绿洲中心部位的最西缘。其中只有一处，即此废墟群的最西部的住宅房址 N.XII，当时做过清理，而且不是很彻底，结果一无所获。

10月24日清晨，我们满怀希望地开始挖掘一处严重风蚀的房舍遗址，它位于 N.XII 东南约0.33英里处（图65）。从泥木墙壁尚可辨认出三间屋子。不到1英尺厚的流沙没有掩埋住房屋，但已足以保存30多枚木简，不过不少佉卢文字母因裸露而变得模糊不清。矩形简和楔形简占多数，在一枚楔形简上，留有一方封泥印记，与我在 N.XIII 发现的木简上的完全相同。在众多的发现品中，值得一提的是一件奇怪的精美编织物，这可能是一件竹编，

图 69　木戳子

出自中国内地；一块绿色皮革，曾经上过漆，可能属一副鳞片铠甲；一件木戳子（图 69）；一件椭圆形槽状角器，很可能是一方砚台。一件漆碗残片，样式和饰纹都与敦煌以西一处亭燧发现的漆碗碎片极其相似，说明这类漆器都产自中国内地。宅院周围篱笆遭受的风蚀比住宅本身轻得多，仍可辨认出，在东南—西北一线及相连部分尚存 130 英尺。沿这一线种的大白杨树均已枯死，倾倒的树干排成一行，南面，枯死的果树横倒在地上，于是又标出一处果园。

从这里我将民工带到一处大住宅废墟 N.XXIV，该废墟位于 N.XXIII 以北约 0.25 英里处，邻近我 1901 年挖掘的最后一处遗址 N.XII。它坐落于一块高地上，其周围地面除南面外均剥蚀 16 英尺多深。图 70 拍摄的是挖掘时的情况，图 71 显示了为数众多的房间的布局格式。墙壁多为泥木筑成，有的仍高出地面一截，还有的依稀可辨。不过从现存高地东坡和北坡上散落的木材残片看来，这所住宅当年还要大些。东面还有几棵枯死的白杨树干，有些依然立着（图70），它们可能是种在一块宅院或菜园附近。从平面图可以看到，起居室位于中央和东边，外屋和牲畜厩棚则在西边。

我们刚从北面开始有系统地清理室 i，就发现一些严重褪色翘曲的木简，其上文字已湮灭。东北边的邻室已于1901年匆忙检查中予以清理，当时只发现了一只大罐，直径约3英尺，埋在地下。室 ii 和室 iii 中发现的木简情况略好，仍可分辨出佉卢文字母。内

图70　尼雅遗址 N.XXIV 古代住宅遗迹，部分发掘后，自东边的死树木遗迹处眺望

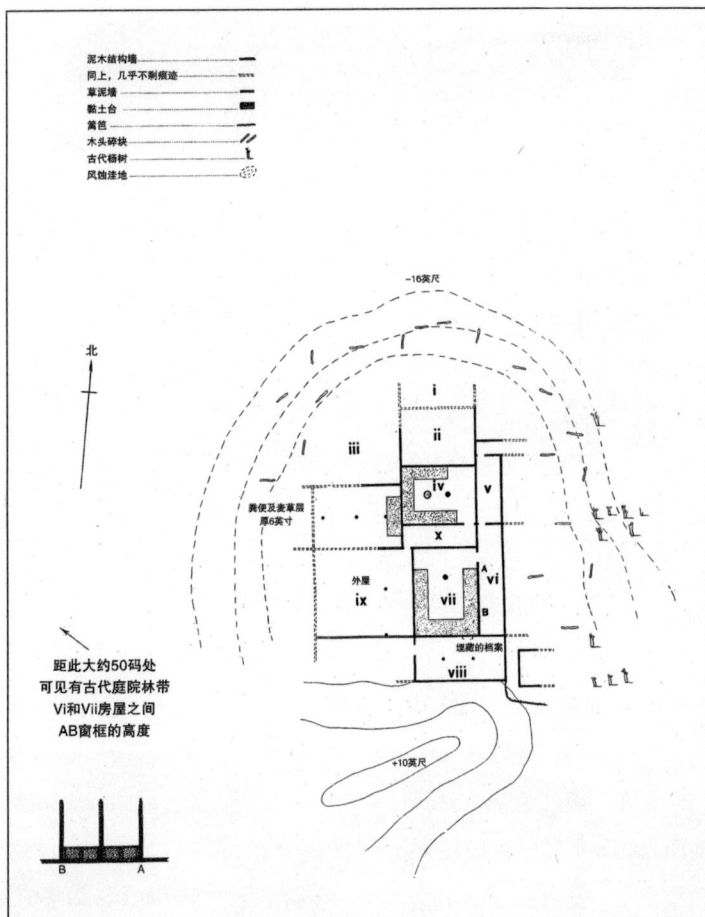

图例：
泥木结构墙
同上，几乎不剩痕迹
草泥墙
黏土台
篱笆
木头碎块
古代杨树
风蚀洼地

-16英尺

北

粪便及麦草层
厚6英寸

i

ii

iii

iv

v

x

外屋
ix

vii

vi

A

B

埋藏的档案

viii

+10英尺

距此大约50码处
可见古代庭院林带
Vi和Vii房屋之间
AB窗框的高度

B   A

图 71　尼雅遗址 N.XXIV 房址平面图

图 72　木雕，双托架

室 iv 中三面环绕着泥抹的坐台，和图 59 所示巴格吉格达现代住宅的样式相同，这种样式在今日当地富裕人家泥木结构的房屋中仍然存在。墙壁骨架有些木柱依然保持原来的高度表明，屋顶距地面高约 8 英尺。曾经支撑屋顶的两根大梁均长 22 英尺，现横倒在沙土中，室内积沙厚 4~5 英尺。根据粗大的大梁判断，它们还支撑着上一个楼层。这里发现的一枚楔形双简保存完好，尚未启封，封泥犹在；一副保存良好的双托架（图 72），精心雕有犍陀罗式花纹；

图 73 尼雅遗址 N.XXIV 遗迹的中央大厅（vii 号），自东南望

还有一些圆木器（见图 73 的前景）。这里发现的家具则有一只已破损长方形木餐盘，还有一个橱柜，形制一如前述。一张以结实的绳子结成的网尚不知作何用途，这种网现在被称为 kōshu。这间屋子墙壁的中心是横放的苇草，外敷的灰泥已非常坚硬。支撑屋顶的中柱粗达 1.5 英尺，距地面 3 英尺以上因裸露而干枯破裂。

这间屋子以及另一间长 25 英尺、宽 19 英尺的南屋 vii 的大小

图 74　尼雅遗址 N.XXVI 居宅的 iii 号大厅，发掘后，柱子上装饰有两个托架

和其他一些迹象表明，这所房屋的主人一定很富有。他或许是一个颇具地位的官吏，因为在这所房屋东边有两间狭长的小屋室 v、室 vi 显然是过道或接待室，从中发现了大量保存完好的各种尺寸的佉卢文木简，还有一块长形木板，近 3 英尺长，两面均有不同的手迹，似为草稿或公文札记。还有一个有趣的结构特点值得一提，那就是过道 vi 与内室 viii 之间不仅有门相通，还有两扇宽大的木

图 75　尼雅遗址 N.XXIV 遗迹，中央大厅（vii 号）和办公房间（viii 号），发掘后

板窗，图 71 左下角的插图即是窗子的正视图。后来在 N.XXVI（图 73、74）也遇见这种情况。这些窗子可能和现在和田一带大住宅中的窗子一样，装有格木。

　　在这间房屋发现的零散木简，使我觉得有望在这间似为主人的公事房中找到更多文书。果不其然，我们清理到毗邻大厅南面的一间长 26 英尺、宽 12.5 英尺的屋子 viii（图 73 及图 75 的前景

图 76　尼雅遗址 N.XXIV 住宅遗迹 viii 号房屋，发掘中

所示为其一部分），当在屋子的东面挖掘到距 vii 室东南角约 3 英尺时，很快在这间屋子北墙下积沙中接连找到木简。它们杂乱松散地堆在一起，从灰泥地面堆至 1 英尺多高，似乎是几卷或几捆木简偶然被扔在这里。图 76 中可以看见一批木简从积沙中露出头来。很快就在不过数英尺见方的地方找到总共 54 枚木简。

大多数木简为楔形简，其中有两枚保存相当完整。拆散的盖简及底简数目大致相当，所以如果进一步检查或许可以拼成较多的楔形双简。只发现了一枚矩形木简是一枚底简，其余 23 枚木简样式繁多，我统称之为长方形木简，书写格式是重复一种样式，表明其内容可能是账目、表册，以及用一个与年代不符的词，各种文件。这批木简都有一个令人满意的特点，就是它们未受潮气或风蚀的损坏，保存状况良好。我们显然找到了某位官吏的一批文书，它们被遗弃并很快掩埋在松软的流沙中得到完好保护。仔细清理完这堆遗物后，我又找到 5 枚木简。它们发现于泥地面之上，可能是房屋废弃前的什么时候被抛于墙角。它们裹着的厚厚一层污垢可能是与泥土接触的结果。

在梳刮地面时，鲁斯塔姆找到一个奇怪的东西。1901 年他就跟着我干过，是最有经验也最可信赖的民工，我这次又雇用了他。第一次清理时我就注意到，离这间屋子发现了大量木简的北墙不远处有一大块黏土或灰泥，像是一堵破墙的碎片。当时我对它没多想，只是不让动它。但眼下鲁斯塔姆在土块和墙壁之间挖出一枚楔形盖简，我不能不让人把它挪开。土块刚挪开，就见鲁斯塔姆的双手挖进了光秃秃的地面，还没等我发问，他的手就已从挖了不到 6 英寸深的洞中取出一枚完整的矩形木简，封泥完好，函盖仍由原来的线绳捆扎完好。鲁斯塔姆的手指好像突然灌注了成功的"寻宝人"的力量，在扩大洞口。我很快就看到，靠近墙的地方及墙柱基座下堆满了层层摞起的同样大小的木板。

毫无疑问，我们发现了一个掩藏着的小档案室。我对这一最新发现感到极为满意。除了这些木简本身及其良好保存状况的价值，发现它们的细节也值得一述。首先，附近地面被清理出来，以便有条不紊地取出木简。然后，从最上层开始，由西往东依次取出，并相应给木简编上号。当一枚枚矩形大木简被取出，清理掉沾染的灰尘时，我特别满意地注意到，除少数外，木简几乎都以线绳紧扎，未曾启封，盖简上的封泥依旧，不等我将墙下裸露的木简全部取出，天就黑了下来。我当晚只清理出10多枚木简。这天夜里我安排了警卫，以防止有人扰动剩下的藏品。次日（10月25日）早晨，我把剩下的木简安全地取了出来。

我一下子就意识到，这批保存完好的木简提供的新材料对佉卢文研究和佉卢文文书内容的解读具有极大价值。不过我也明白，这批材料在语言学研究中得到完全利用还要等若干年。所以在此地我更满意地发现，它们为我从先前若干此种发现品中得出的假设提供了鲜明的证据。我在《古代和田》一书中介绍先前发现的这种极其重要的文书的外形等特征时，尚没有一枚矩形木简得以解译。但在 N.XV 发现至少三枚完整木简都未启封，再加上其他考虑，我当时就认为这些木简是契约，它们需按原样捆好，以便在对证公堂时发挥其效力。因为如该段介绍所言，封泥印记是证明这种古佉卢文文书效力的唯一凭证，所以盖简中央的封泥印记以及从封泥下穿过将盖简和底简捆扎为一体的线绳都必须完好无缺，这样才能保证写在简面的文字不被窜改，以确保对所记交易起到法律证据的作用。

这个假设是几年前形成的，由于解读工作进展缓慢，尚未得以验证，小档案室 N.XXIV.viii 现在提供的考古学证据令我喜出望外。这一大批当时被精心收藏以备后用的契约、债券及类似有价值的法律文书都书于矩形双简之上，而且绝大多数封有封泥。我在当时及后来对它们所做的简短检查表明，在几乎所有盖简正面封泥上下都可以看到的类似摘要的项目，与我上次发现的显然是信件的矩形木简盖简上的通常的名址格式不同。这样，剩下的唯一问题是，这些封泥与捆扎均完好无损的文书是不是由居住于此的官吏妥善保存的契约或协议？它们是否涉及这位官吏的土地和财产？

我十分清楚，问题的答案完全依赖于对这批意外所获的文书进行彻底解译。不过我同时又极其兴奋地注意到，文书中的两个特例似乎可证明我上述假设的要点。发现木简的那天晚上，我检查了两枚木简，它们是仅有的两枚启了封的木简，捆扎的线绳已完全断裂。我发现它们均为信件，其名址书写为规定格式，是致"神人爱戴之""伟大的 Cojhbo somjaka"（即都伯索汲阇迦——译者）的信件，这位官吏的名字多次出现在由此室发现的大量楔形盖简的名址项上，这批函盖或许属载有简短官方命令的信件。当时我就想知道这两封信件的内容，以至于这所房屋最后的住户，不管是 Cojhbo somjaka 自己还是他的后裔、部属或继任，要把它们当作有价值的"文件"，与我认为是契约的木简收藏在一起？

为便利起见，在我继续介绍实际的解读结果是如何惊人地证实了我当场得出并在《旅行杂记》中提及的大至结论之前，不妨先在此记下由检查这批文书的外形而得出的启发性数据。首先值得一提的是，在总共 26 枚矩形木简中，至少 18 枚在发现时是由封泥缄闭线绳捆扎，它们都未被启封过。在 13 枚仍保持完整的木简中，有 6 枚的线绳穿过盖简的封泥槽，又绕过底简背面，捆扎方式与我先前解释过的相同，图 77、78 的复原图详细反映了这种捆扎方式。在另外 5 枚木简中，不止一枚木简的线绳已断裂，不过至少还有一枚保存完好，这就足以证明这枚双简从未启过封。图 79 在大英博物馆启封前后的情形正说明了这种情况。起初我只认为在完好的木简近旁出现线绳断裂的木简是出于偶然，但随着在一些毫无磨损或扯动迹象的木简上也不断出现线绳断裂现象，我才想到这在古代公务程序中或许有一定意义。我们现在明白在简文中或许可为这一推测找到证据。

在其余木简中，有 5 枚上面的线绳已不在底简背面原来位置上，明显是剪断后又以不同方式系起来。由于线绳在三个封泥槽中都要绕双匝，而且在木简背面剪断每副双匝中的一匝后，剩下的线绳仍然够长，所以上述操作十分方便。只要想一想这种古代木文具在捆扎等技术细节上设计安排得有多么精巧，我们就应该考虑到，线绳绕双匝或许就是为了这一目的。此外，如图 77、78 复原图所示，线绳在绕完三次双匝后，仍留了相当长一截绳头。这也便于人们在启开木简阅读后重新捆扎。

为了进一步防止有人窜改或私阅文书，还必须在木简背面的

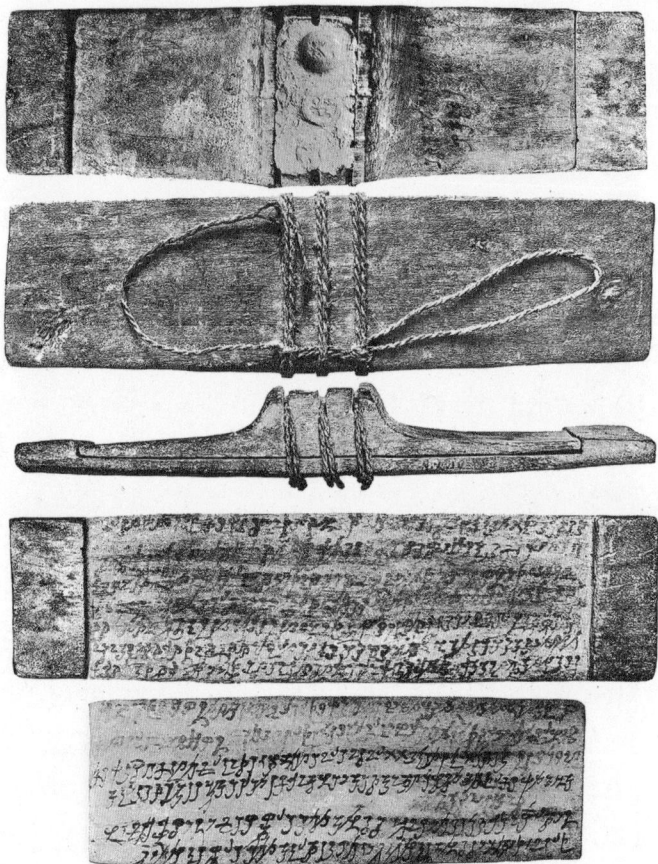

图 77 矩形双面佉卢文木牍

图 78 木牍

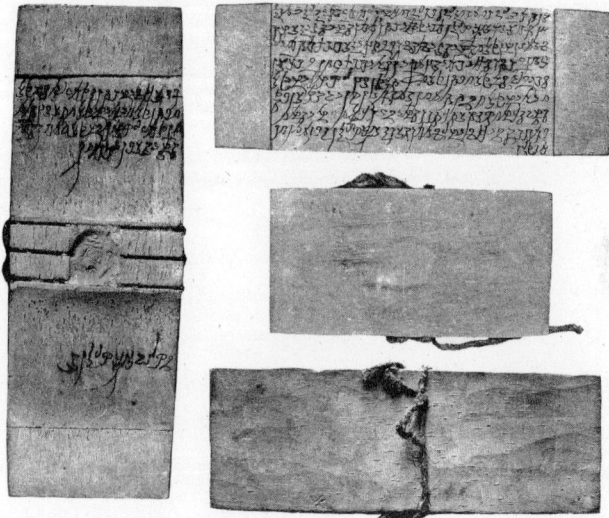

图 79 矩形双面佉卢文木牍

图 80 木牍，底简

图 81 木牍，盖简

绳结上封上封泥。这种后加的封泥实际上在底简（图 80）背面已发现，只是已破损。该文书另一个有趣之处是它后来曾以黄色丝巾包裹，以保护封泥，然后再用粗绳捆扎。显然，由于没有封泥座，这种后加的封泥难免破损、脱落。值得注意的是，在这些重新捆扎的文书中，盖简（图 81）的封泥槽中，封泥已完全被破坏。这显然是在木简初次启封时造成的。N.XXIV.viii.89 的情况也是这样，只是线绳未曾割断。可能是先将封泥拆除，以便有条不紊地将线绳解开，待阅毕后再依原样将两块木简捆扎好。奇怪的是，N.XXIV.viii.86、87、88、89、90 这 5 件文书或经重新捆扎，或启封，或封泥槽已空，形成一个有序系列，如其编号所示，在发现时几乎一个挨着一个。似乎是小档案室的保存者有心将单独一组以某种方式处理的文书存放在一起。

下面谈谈封泥。如上所述，封泥是保证木简效力的必要措施。所以在档案室发现的所有文书，包括前面已提到的两个特例 N.XXIV.viii.89 及图 81，仍留有封泥印记，这一点值得注意。只有极个别封泥（N.XXIV.viii.75、85）遭到破坏，还有几个封泥上捺出的印记不甚清楚。有 15 件文书只捺了一个印记，其余木简中，有 5 件捺了 2 个印记，还有 3 件捺了 3 个印记。这种单个印记盛行的情况最初或许会令人对此处掩藏的这一大批矩形双简所载是契约、合同之类内容的假设产生怀疑。尽管缺乏译解出的文书作为直接证明，但请记住，由于地域广阔，时间久远，仅凭涉及这些文书拟写时在场的那位权威人物的印章或签名就足以证明这些法律文书的效力。

由此看来，这两枚双简上的印记就极具价值（图 82 为其中之一）。这是一方形印章捺下的印记，上有四个篆字。在矩形盖简（图 83）上也有这个印记。沙畹先生根据蒋师爷的誊写把它读为"鄯善郡印"，即鄯善郡守之印。经霍普金斯先生核对原文，这一解释是正确的。沙畹先生认为，"郡"即为现今之"府"。前面已提到

图 82　陶印章

图 83 矩形盖简

过，"精绝国"的治所肯定位于尼雅遗址，在公元 3 世纪末这片古绿洲被废弃之前的时期，精绝国属鄯善或罗布淖尔。这批载有鄯善郡印文书的发现，惊人地证实了《魏略》对鄯善与精绝关系的记载，同时也表明朝廷对该地区行政事务的管理比人们设想的要有力。因为正如我们现在已经知道的，拉普森教授及时对图 82 所作的译解无可置疑地证明，这件文书是一份关于土地买卖的契约。

这些木简上出现的其余 20 个印记没有提供一点有关印章使用者的情况。只有一个印记，即 N.XXIV.viii.77，三枚印记中右边的那一枚有一些文字，字迹模糊不清，显然是佉卢文，但目前尚无法解读。在已多次提及的几个印记中，我们奇怪地发现，有一对印记（图 80、84）及一组三枚印记（图 85）均出现过两次，都是十分醒目地排在一起。它们是负有共同职责的官吏的印章还是多

图 84 陶印章

图 85 陶印章

次交易中合伙人的印章？在刚才提到的那一对印记中，可以看到，在一枚用古典手法刻出的印章中，有古代宙斯的形象，还有一个明显受晚期墨杜莎图案影响的带有长鬈发的头的形象。在那一组三枚印记（图 85）中，右边的印记保存最为完好，它是由一枚圆形印章捺压而成，图案为两个人头相背而依，其上为第三个人头。这个印度三相神的出现十分奇怪，特别是这位古代刻工在图案设计和技巧上都受到的影响更是如此。

在 N.XXIV.viii.77、78 上捺下印记的印章可能受到西方风格的影响。这两枚印章的图案一个是一位手持花朵的男性胸像，另一个是一对男女相对而立的形象。遗憾的是这两块封泥保存得极为糟糕，无法复原。图 86 为一个手持花朵或镜子的女性胸像，我们早先在该遗址发现的印记中已见过这一图案。

图86 陶印章

在几个雕刻粗劣的人像印章（图87、88）中，最后那个值得特别注意。那个头带光轮、手持宝剑的男神，根据其手持的两个钱袋来看，可以有把握地断定为俱毗罗或北方多闻天王，即财神和北方守护神。我们知道，俱毗罗在和田作为地方守护神极受崇拜。极其重要的是，这枚印章尽管显然是出自当地，却深受罗马风格影响。其余印章多为动物图案，图89中的驮象可能最为生动。通俗化了的鸟的图形最多，如图90、图86左侧及图88左侧。把这些印记与在该遗址及约特干所获石印章或金属印章的印记作一比较，可以确定这些印记的印章出自和田一带。

N.XXIV 所出丰富的古代文书，其良好保存状况较之数量更具价值。由于拉普森教授承担了我第一次探险所获佉卢文资料的解读以至刊布的工作，所以其字迹、语言及内容等特别困难之处已完全澄清。这种极其潦草的佉卢文文字所固有的晦涩难解与那

图 87　陶印章

图 88　陶印章，男神

图 89　陶印章，驮象

图 90　陶印章，鸟

些源自一种早期印度俗语方言的佉卢文不相上下，这种方言在语音上与印度文学作品的语言迥然不同，而且混杂了一定数量显然不是印度文字的词汇，其来源尚不可循。不过另一个可能给解读带来困难的因素与第一个有所不同，这批佉卢文文书主要是一些有关当地行政管理和日常生活琐事的记载和信件，尽管其年代不甚久远，书写和语言也较常见，但对于未置身其中的人来说，这些内容令人困惑。而且现存印度文学实际上亦对解读毫无裨益。

以上简略提到的困难可以解释为什么尽管拉普森教授得到了他著名的同行塞纳尔先生和博耶先生的帮助，但我第一次探险携回佉卢文文书的刊布和1905年对那批文书进行的初步转写、翻译相比，并未取得进展。尽管在文书刊布的准备过程中有过重大突破，但可以越来越清楚地看到，还有许多问题和疑难有待更多的材料，尤其是需要足够数量的完整文书，这些文书的保存状况，必须保证其文字十分清晰，无半点模糊之处。在我获得的文书中，尤其是在 N.XXIV 中，就发现了大量此种材料。这使我学识渊博的同事们有充分的理由将文书的刊布推迟至新获文书的整理之后。1913年1月，拉普森教授将他有关新获文书中数枚木简的札记交付给我，他认为它们颇具价值。对此我感到十分高兴，因为这样一来我就能够利用他的结论，而这些结论与探讨档案室 N.XXIV. viii 引发出来的问题密切相关。

拉普森教授的研究表明，相当数量的矩形双简是卖契。他以 N.XXIV.viii.74 为例，说明（以契据）授予财产全权，此后任何官吏的口头否认均无效的惯例。该文书就是捺有鄯善郡印的木简，前文已提及过这件木简。据底简文字头一段话，这是一份契据，所记为一块 miṣi 地的交易。miṣi 是某种谷物。卖主为柯那耶，买主为司书罗没索蹉。日期为安归迦（Jiṭugha Aṃguvaka）王十七年十二月八日。地价为 70 希（金额或币值单位，显然以 masu 支付。masu 为何尚不清楚）。罗没索蹉以一只两岁的骆驼作为定钱。买卖已成交，先付了 10 希（附加费用——译者），又付了剩下的 60 希。

随后为罗没索蹉的权利，译读如下："司书罗没索蹉对该 miṣi 地享有全权，可凭其所欲进行耕种、播种、送人或租给他人，今后，任何 ∨asu aǵeta（∨asu 为司土，aǵeta 为税吏——译者）若提出此事，其口头命令在王廷均无效。"盖简背面接着写了数位证人姓名。契据结尾是："此据由司书㑹摩色钵奉司书莫伽多大人之命书写。此据应柯那耶的要求而写，（空白）由 tomgha（即督军——译者）Yāṃcā（？）断绳。"由此看来，被掩藏的文书中大量出现的线绳断裂一匝或数匝的情况，极可能与契据末尾提及的法律程式有关。欲确证这一细节，尚要对这批文书及其法律技术细节做进一步检查。但有一点很重要：当我在挖掘时想到"自己获得的也许是有关土地或其他不动产的契据"时，我的假设是对的。

现在我们可以对拉普森教授札记中其余有关信息作一概述。拉普森教授涉及的木简并非出自小档案室，但出自同一住宅遗址。从语言学角度看，他发现的写在楔形底简（图 91）上的四个梵语音节尤为重要。该楔形底简的背面曾被用作收据，所记之事显然是给某个田庄中奴隶的金额或供给。由一位博学之士书于底简上的几行诗句是迄今发现的以佉卢文写就的最早的梵语文学作品标本，并澄清了若干与佉卢文有关的古书法问题。不甚相干的是木牍形木简 N.XXIV.v.1，其正反两面至少书有 8 行印度俗语诗文。

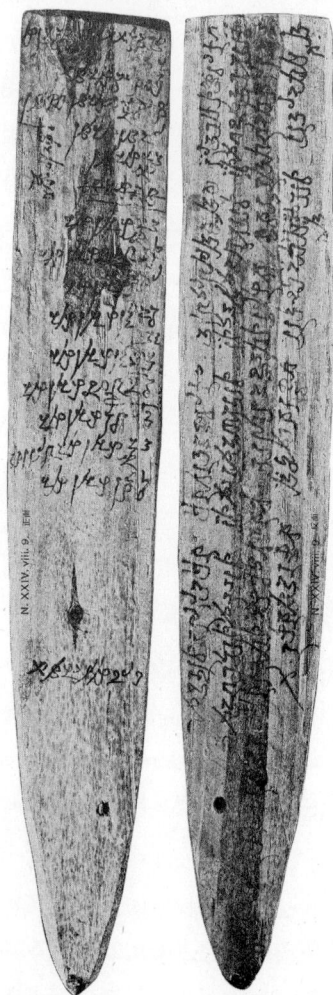

图91 楔形佉卢文
木牍，底简

第一行摘自《法句经》，但有几处费解的变异。尽管这些札记甚为简拙，却足以表明，这些丰富的文书一旦得到认真检查和细致研究，将大大启发我们对这一地区几百年前文化、政治各个方面的认识。

从一开始我就意识到，N.XXIV.viii 中的文书被埋藏的环境值得认真研究。这显然有助于解决一些重要问题，如这片住宅是如何被废弃的。从这批契约埋藏时得到的照顾以及对埋藏地点的标示（在埋藏点前发现的那一大块泥块无疑就是起这个作用，也就是它促使鲁斯塔姆动手刨土）来看，文书的主人明显是在紧迫中不得不离去，抱有重返的念头。鲁斯塔姆一下就猜到那块标志的用意，因为现在农民被迫弃家而去时，他们仍然这样做。在掩埋时既没有遮盖，也没有用容器来保存这批极有价值的文件，这本身也清楚地表明离去之匆忙。有鉴于此，多为楔形木简的文书被零乱地抛弃在地面上就很好理解了。

其他任何理由均难以对这个贮藏点及其标示方法作出解释。如果墙柱基座下的洞是专用于保存物件，那么就应有某种容器，而且既然能记住它，就无须标示其位置。此外，如果主人的离去是因为整个遗址有计划的废弃，诸如出于水量供应渐渐不足，这批殊为重要的文书应与其他贵重财产一道带走，因为它们的体积和分量都不大。

我们不必去猜测为什么主人匆匆离去，而且也不再回来，这毫无用处。可有一点是清楚的，即由于自然环境变干燥，这片住宅不能再居住了，至于是何时，我们尚不知道。后文我们将有机

图92 木取火器

会提到整个遗址为自然环境的变化提供的结论性证据。这一变化是一个渐进的过程，这一点是肯定的。在积沙最终掩埋住宅废墟前的几百年间，不免会有人寻访、使用这些遗址。肯定有人一再搜寻这片遗址，而且可能在它们刚被废弃之后就已开始，以寻找任何珍贵或有实用价值的遗物。我们应当为这一侥幸得到的机会而感到高兴，不管它究竟是为什么，掩藏的小档案室及其附近散失的官方"文件"得以保存，不致被过早地发现和扰动。有一点毫不奇怪，即除了各种织物碎片和木质小器具，这间屋子发现的其他东西均无甚价值。

在该遗址出土的其余少量遗物中，只有一件小型木取火器值得一记，它是一根"雌"取火棒，形状与另一根取火器（图92）相仿。乔伊斯先生认为，在尼雅及其他遗址发现的这种通过快速捻动而生火的原始装置，最早的标本来自敦煌烽燧，最晚的出自法哈特伯克亚依拉克遗址。这种与现今野蛮部落仍在使用的取火棒相似的装置可能曾一直为高度开化的中亚地区所使用，并一直延续到公元 8 世纪，这颇令人感到奇怪。不过在别处也有人使用这类装置，乔伊斯先生就曾指出，类似装置在古典时代就有所耳闻，而且在印度开化之后，它尚未完全消失。

第四节　探察 N.XXVI 和东南边废墟群

挖掘完 N.XXIV，我又转移到西北边的废弃住宅（图 93）。我上次遇到时，没时间进行详细调查。现在可以对其进行彻底清理，终于得以消除我良心的不安，因为我不仅从废墟附近风蚀地上捡到了大量珠子、金属块和类似的小件文物，还发现了最精美的两块小木简和木双托架（图 94）。这是一块精致的木雕，长近 5 英尺，保存状况极佳，底面有犍陀罗式花纹，两侧刻着锯齿形装饰图案，令人印象深刻。这件双托架发现于内室 i 中。从图 95 中可以看到，该室北门还保留着经过雕饰的木质门框及其歪斜的侧柱。它的装饰图案与我前面描述的一样，极似京格里工艺品。这种工艺品起源于犍陀罗艺术，在印度河流域一带普遍使用的木雕中仍很流行。

我在 N.XXIV 的东边找到三处被沙半埋的连成一排的废墟。最近的一处编号为 N.XXV 证明是处小住宅，保存得相当好，但没有任何种类的发现物。相邻的 N.XXVI 规模较大，由于有些部位覆盖着厚达 8 英尺的沙子，所以几乎努力地清理了一天才完成。房间布局见平面图（图 96），极富特征。墙壁以木料与灰泥构建，

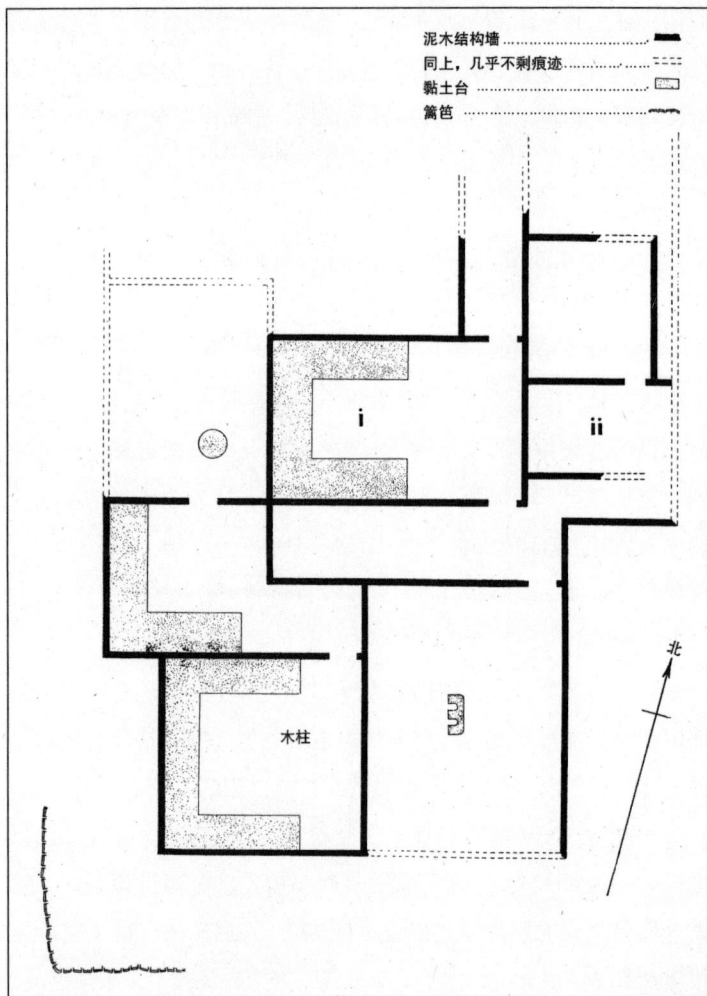

图例：
泥木结构墙 ....
同上，几乎不剩痕迹 ....
黏土台 ....
篱笆 ....

i

ii

木柱

北

图 93　尼雅遗址 N.XII 房址平面图

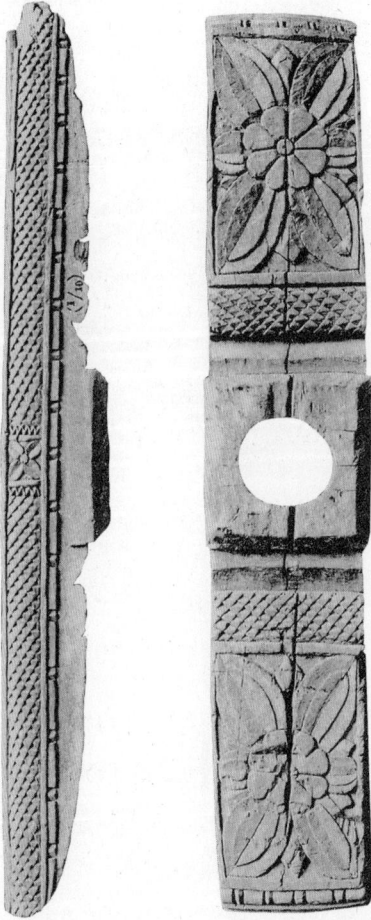

图 94 木雕，双托架

图 95   尼雅遗址 N.XII 房屋废墟中出土的木雕门框

用横置的芦苇或其他斜纹编席作墙心。这种墙以及门与房顶等的结构，都很容易辨别清楚。北边的那组房间，即图 96 中室 i~iv、室 iv，或可认为是此住宅的客房，包括那些与当今这一地区的阿依旺和米合曼哈那（客房）相当的房间。作为例子，图 97 中复制了带有客房的阿依旺的平面图，这处阿依旺是莎车附近巴格吉格达一位伯克的住宅。南面的室 v~viii 是家人的居室。这些房

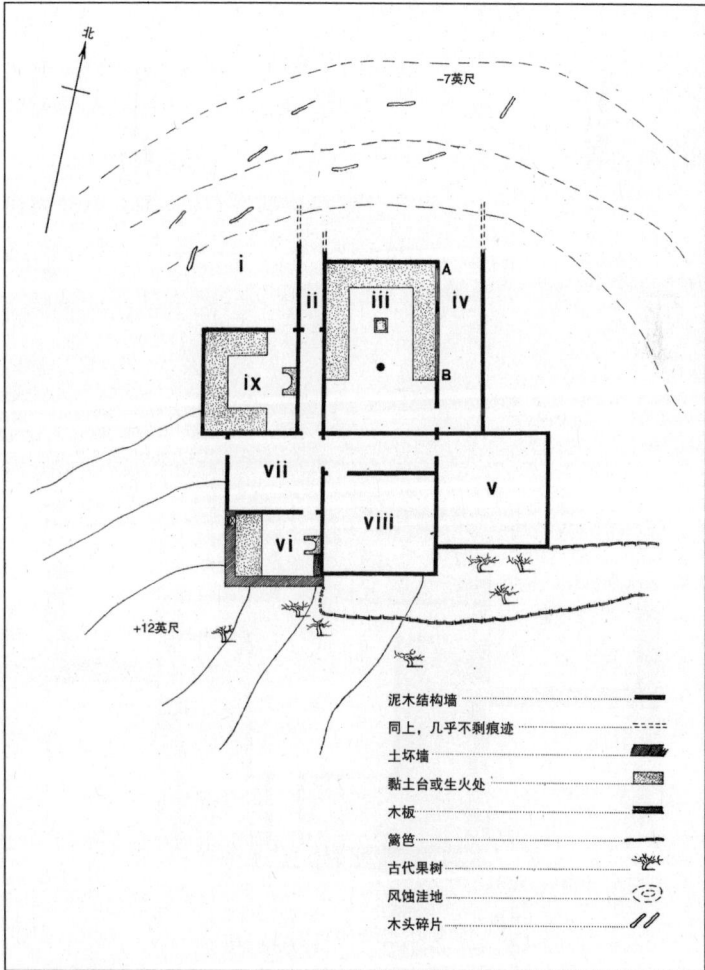

图 96 尼雅遗址 N.XXVI 房址平面图

间互相连通，并通过一条单独的过厅与其余房间相接。西北角的室 i，有一部分已被风蚀。在这里发现了 8 枚佉卢文木简，其中一枚是矩形盖简，印迹尚存。另有一枚骨印，殊为奇特，但雕刻得很粗糙。

位于中间的大房 iii 昔日无疑是主客厅。从图 74、98 中可以

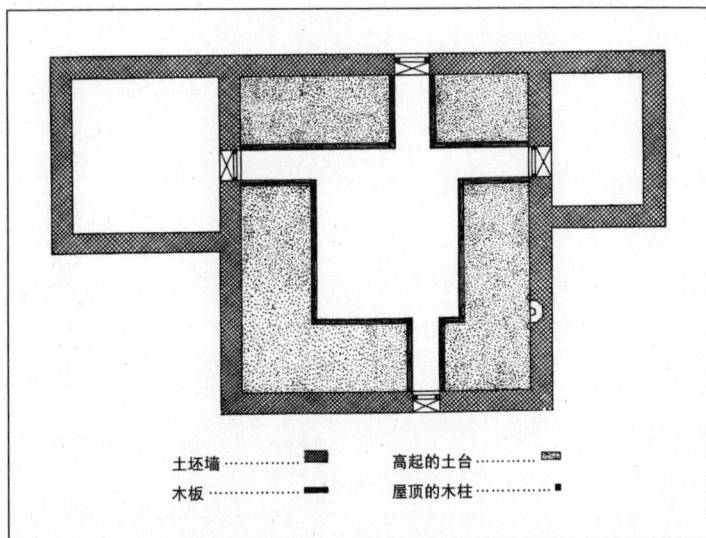

图 97 莎车巴格吉格达的穆沙达罗尕家阿依旺式房屋平面图

图 98　尼雅遗址 N.XXVI 遗迹的 iii 号大厅，发掘后，有两扇窗，开进 iv 号走廊

看到这个房间，它的三面装有坐台，中心处为一开放式壁炉，与壁炉相应位置的房顶上大概曾开有天窗。中厅与过厅之间有门和两个边窗 A 和 B 相通。从图 98 中可清楚看到这两个窗子为格式窗，位置和结构与 N.XXIV 中所描述的很相似。在大厅只发现一件器物极为有趣，这是一件大双托架，雕刻着装饰图案。双托架长约 8 英尺，高 14 英寸，复制在图 99 上。图 74、98 表明，这件双托架立于高 5 英尺 8 英寸，直径 1 英尺的木柱上。曾支撑双托架的木柱发现时紧躺在双托架的旁边。双托架的两侧面及下面刻有浮

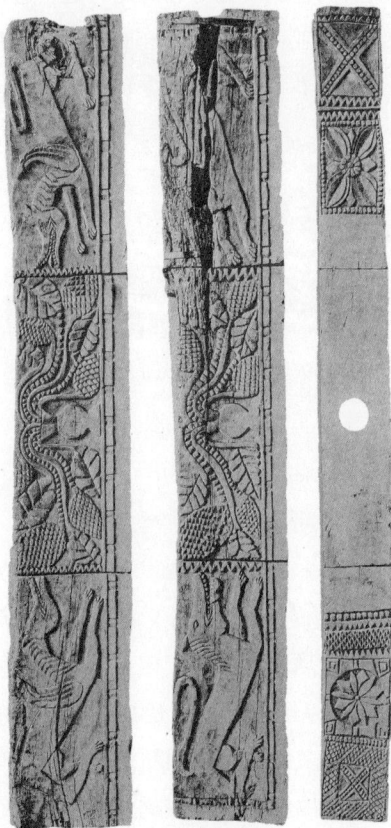

图 99　木雕，双托架

雕，设计精巧，处理却很粗糙。每个竖直面上的两侧镶板上雕刻着组合型的怪物，有鳄鱼头、翼身和狮尾与足。这种组合型怪物融合了从希腊艺术和中亚佛教艺术发展而来的犍陀罗式雕塑的风格。中嵌板为一立着的花瓶，瓶上托着长而曲的花梗，这些花梗的末梢一侧为宽叶，另一侧为果子。整个画面再现出一种印度—科林斯式柱头的造型。

双托架下表面两头饰有不同纹样的嵌板。部分是花纹主题。在该遗址其他装饰雕塑中，也和犍陀罗作品中的一样全有装饰。如图 74 所示，双托架本身的榫眼虽然合在木柱的柱顶上，但并不包括整个柱顶——柱顶本来依托在另一个双托架上，但这个双托架现已不存。这个事实正好说明了为什么双托架下表面中间没有装饰。从柱头根部与现存双托架下表面之间的间距判断，这个中间托架高约 6 英寸。由于重量与尺寸所限，要运走这样大的雕刻木料是完全不可能的。但奈克·拉姆·辛格的木匠活很出色，使我得以将嵌板沿分隔装饰带小心地分割开，因此我甚感高兴。尽管如此，每一部分的重量还是太大，必须减轻重量才行，于是不得不再将中心挖空，以便于实际装运。图 99 中的嵌板是重新接合后复制的，表明这块精美的古代木雕既未因这种不可避免的手术，也未因后来漫长而艰难的运输而有所损坏。

住宅南部的室 vii 显然是一种门厅或过厅。有四道门，其中两道宽只有 2 英尺，根据侧柱斜度，底部加宽到 2 英尺 3 英寸，高仅 5 英尺。N.XII 和其他住宅的一些门上也见有同样特征。邻室 vi

图 100　尼雅遗址 N.XXVI 住宅遗迹中的火塘和凳子

很小，位于住宅的西南角，被深埋于沙丘之下，因此墙和房顶都
几乎被完全保存下来。后者的椽有一层柴枝，曾支撑着屋的抹泥
屋顶，现在位置还与原来一样。两面外墙用土坯砌成，厚 1.5 英尺，
很结实。西墙上有一扇窄窗或称之为透气孔，刚好就在房顶之下，
距地面 9 英尺 2 英寸。除此之外，再无任何其他开口，墙壁上也

不见有烟熏的痕迹。这表明，这间小客室是冬天专门用来取暖的。此室的窗下设坐台，坐台上涂着灰泥。坐台对面墙上有保存完好的壁炉，壁炉旁边角落里摆着一张木凳（图100）。壁炉顶上放着一堆保存良好的佉卢文木简，就像是最后一位房主留在那里的。木简大部分是长方形，它们的标本复制在图101~103中。在这里还发现一根"雌"取火棒和一枚空的封泥座（图104）。旁边地上也出土有一些木简，状似标签，还有现今的刀柄。

除一个大木橱外，东边大房viii几乎什么都没有。木橱保存得很好，盖板的两条边缘上装饰着雕饰，形如编绳。最后，在东南角室v中，置放着一件大双托架。首次返回遗址时，我就注意到了它。双托架长近7英尺，几乎是横躺在地上，由于风吹日晒，几已碎裂（见图74和图98的前景，这两幅照片是在将其移至中心室iii后所拍摄）。它的雕刻装饰，与前面所述从室iii发现的那件双托架中间嵌板所示花纹图式最为相似。

尽管没有什么特别发现，营地附近小住宅的发掘仍继续进行，此项工作由测量员监管，我则于10月26日下午重访N.V，1901年我清理了那里的一个垃圾堆N.XV，收获颇丰。促使我返回那里的原因，除此成功感外，是希望从那些弃物中寻回一些东西。那是一些坚硬的绿色小皮革片，长方形，一端作圆形，钻有奇特的孔。后来我才知道，它们原来是盔甲的皮鳞片。我遗憾地记得，当时我曾把它们当作毫无价值的物什扔在一边。使我感到欣慰的是，我们清理出的弃物仍未被扰乱，只是在上面覆盖了一层薄薄的流

图 101　标签形佉卢文木简

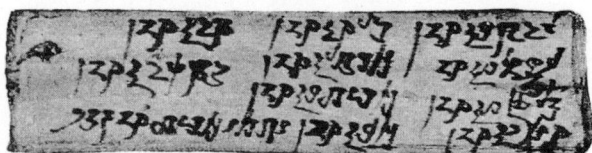

图 102　长方形佉卢文木简

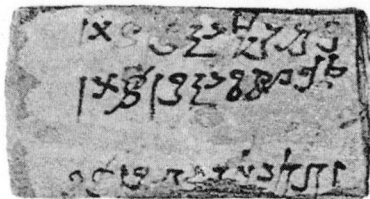

图 103　长方形佉卢文木简

图 104　封泥座

沙。当我小心地抹去流沙，寻回错失的皮甲片时，良心才得以稍安。更令人惊喜的是，从相邻建筑物 N.XVI 附近地面上捡到一个木窣堵波模型。这显然是由于流沙移动开之后，它才暴露出来。现在，它明确地证实了我的推测，即这个被严重毁坏的小废墟，原是一处佛寺。这无疑是一个用来供奉的模型。三重基、圆柱形塔身和穹隆顶，这一切都与塔里木盆地各遗址中流行的窣堵波特征明显相似。但应该注意的是，这个小模型连续的基的比例，与尼雅遗址唯一的窣堵波相比有质的不同，它的顶基似乎最高，而在真窣堵波中底基才是如此。

　　同时我也考证了位于 N.XXVI 北—北西 1 英里的地方，两年前伊布拉音和他的同伴们到这里"寻宝"时，偶然发现了人骨遗骸。他们当时称之为麻扎，这是一个从下意识里冒出来的名称，与当地的宗教信仰不无关系，但作为初步的代号未尝不可。在一个高约 13 英尺的孤红柳包边我的确发现有古墓的迹象。小高地的风蚀斜坡上，特别是东坡与北坡，不仅散布着大量人骨，而且有发白的碎裂木板。从尺寸判断，这些木板是棺木残块，较大的平均六七英尺，较短的则有用来咬合的榫眼和铆头，分明是棺木两头的挡板。从骨堆旁边捡到深褐色和红色织物残片。墓地的发现，意义在于它提供了令人信服的证据，证明至少有部分居民埋葬于此，而且其中大多数我们可以肯定是佛教徒。遗憾的是这不足以令我在此开展大规模考古工作，因为随葬品全都暴露于地表，几乎已被风沙完全毁坏。也没有留下一具完整的骨架，甚至没有一个可供测量的完好头骨。为了说明这个地方风的挖穴能力，我可以举一个例子：1901 年挖掘过的麻扎东南小废墟 N.X 近旁，现在出现了一片风蚀洼地，洼地的一处比原地面低了足有 28 英尺。

在 N.XIV 附近扎下营帐后，我就选出了一支精干的队伍，由老向导伊布拉音带领，向东搜索新的遗址，伊斯拉木阿洪说，那里有一些古代废墟，但他现在找不到了。三天后，这支队伍终于在东南方找到一些废弃的住宅，它们隐藏在高大密集的沙包之中，因此五年前没有发现。测量员搜索的区域，是在通往 1901 年所调查过的最南端废墟 N.III.iv 以东及东南很远的这样一条线上。因此，10 月 27 日，我将营地迁往这组新见废墟群的中心，距离将近 5 英里。途中我顺便再次对窣堵波进行调查，发现自 1901 年以来虽然这个小建筑物周围流沙的情形几乎没有或者根本没有明显变化，但现

图 105 尼雅佛塔遗迹,自东南望

在南边和东南边的栅栏附近的流沙还是有一些移动,露出了栅栏线。栅栏线标志着古地形的高度(图 105)。废墟 N.III 的覆沙与风蚀状况都没有显见的变化。我们从这里向东南前进 1 英里多,翻越 15~20 英尺高的大沙丘时,常见到高耸的红柳包连绵起伏,与单调的沙丘相映成趣。后来在三处小废墟旁找到一处风蚀地,于

图 106　尼雅遗址 N.XXVIII 遗迹，自西南望

各方面都较便利，遂而扎营。三处小废墟皆处在醒目的风蚀台地上面（图 106）。

　　最北的一处废墟 N.XXVII 位于一条红柳包陡峭的西坡上，有两排小房屋，圆木与灰泥建成，但已被风蚀毁坏，覆盖范围约 50 英尺 ×40 英尺。从这里仅清理出两件遗物，一件是矩形盖筒，上面的字迹已完全褪色，另一件是木梳。另一处废宅 N.XXVIII 坐落在一个台地顶部（图106）。台地犹如岛屿一般，耸立于风蚀地面上，高约20英尺，斜坡几乎呈垂直状。周围散布着大量残木块，但只在西边找到三个小房间和一条过道。地面已被风吹扫得干干净净，唯有过道的一角，堆积着高不过1英尺的流沙。伊布拉音说，10月24日交给我的15件木简就发现于此。我没有特别的理由来怀疑他所讲情况的真实性，更何况，如图107、108所示，这些木简不是被晒得发白，就是严重扭曲，总的状况明显说明了这一点。往南约15码有一个较小的台地，与主台地之间隔着仍在加深的风蚀沟，台地顶上残留着一层马羊粪。西—南西约150码处，从护

图107　木简

图108　佉卢文木简

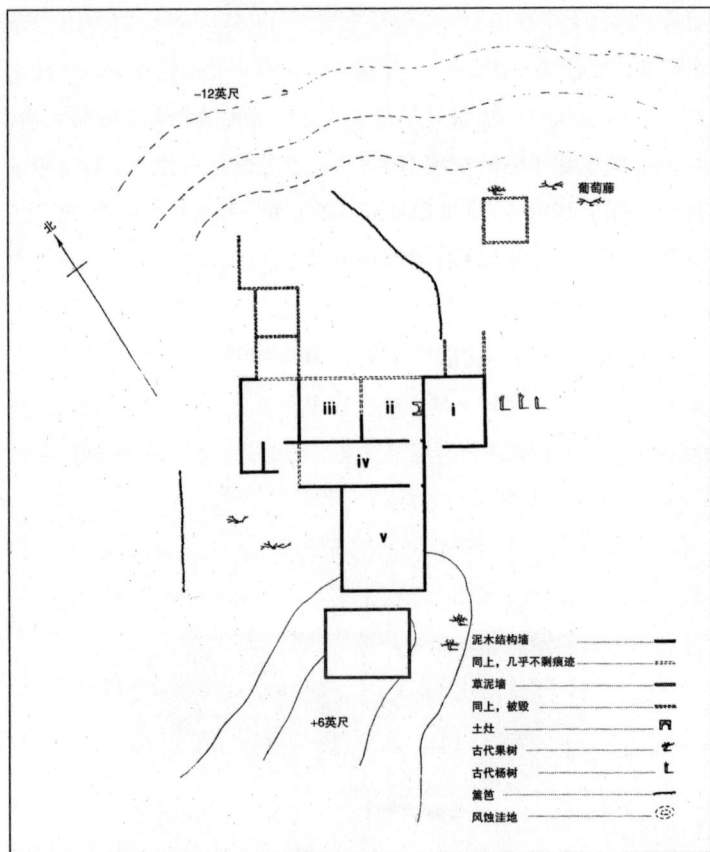

图中文字：

-12英尺

北

葡萄藤

iii ii i

iv

v

+6英尺

泥木结构墙 ————
同上，几乎不剩痕迹 ········
草泥墙 ——
同上，被毁 ～～～～
土灶 □
古代果树 ±
古代杨树 ㇄
篱笆 ——
风蚀洼地 ⊙

图 109　尼雅遗址 N.XXIX 房址平面图

沙中露出一座凉棚，树干枯萎，环绕着一道约 40 码的篱笆（见图 106 的前景）。在西南端，只见到一处单室建筑遗迹，为 N.XXXIV。

　　继续南行约 0.75 英里，又经过一些凉棚和果园遗迹后，我来到测量员以前报告的废宅 N.XXIX。这处住宅相当大，图 109 中的平面图反映出这房间的排列等情况。有些部位以泥木构建，有些部位则有灯芯草墙壁，墙壁外面涂着灰泥。东北室 i 显然是公事房，出土有 16 枚保护得很好的佉卢文木简，大多为楔形或矩形简。邻室 ii 除一些矩形小木简外，还出土了一枚大楔形双简和一件木打火器。发现时，打火器被用山羊毛绳的环系在一件类似于旧式滑轮的短曲木块上（图 110），其最初的用途，还不能确定。长廊 iv 中出土一件保存完好的矩形底简，上书 12 行佉卢文，字迹清晰，并注明有日期，我将其读作 Fiṭughvaṣmana devaputra 王十一年。大室 v 没有出土任何文物。其外面，院子或果园的防护篱笆以内，遗留着卷绕的葡萄枝，它们无疑曾蔓生于此，情形与时尚的新疆果园相仿。东北边的畜圈附近，立着一棵桑树，高约

图 110　木器

14 英尺，但树干已经枯槁龟裂。

从这处废宅内外发现的各种器物中，值得一提的是，色彩富丽的衣料残片（图 111），泥瓦匠用的木涂墙板（图 112）和保存良好的青铜戒指（图 113）。图 114 中显示的瓶形垂饰也很有意思。这件残珠所选用的质料是一种蓝色假宝石，当初我差点误以为是青瓷。无论是从形状还是从质料上看，就像伍利先生所指出的，这件珠子都与西方的产品很相似，比如埃及、罗马产品。

北面的废墟，10 月 28 日找到时即已证明是处住宅遗迹，规模小，建造简陋。不过，这对于古居址最东缘的家园来说，恰好合适。从 N.XXVIII 向正北走 1 英里，即至 N.XXX。这处住宅有三个房间，其墙线与坐台线被埋在深 1 英尺或 2 英尺的流沙之下。从这里发现两枚楔形木简，其中一枚已完全发白。另一处小住宅 N.XXXI，位于北方约 1 码的风蚀台地上。由于周围风蚀的深度超过 10 英尺，只剩下很少的遗迹，只能找到一个房间，西北毗邻一座护院。N.XXXI 以西约 0.25 英里，有一座红柳包，旁边残存一处小型建筑物，可能是家畜棚。以废墟所在地面为准，红柳包高约 18 英尺，其下风蚀洼地深达 15 英尺。向西南行不远，发现一条小风蚀梁上有座小废墟，即 N.XXXII，已完全毁坏了。两个小房间的墙壁都已几乎无存，护沙高不过 1 英尺，东坡散落着许多木料。最后，往南走不远，我找到一处家畜棚和凉棚遗迹。如图 115 所示，它们坐落在两个小台地上。紧靠东北边的红柳包旁并排着三四棵死白杨树的树干。这是我们向北调查到的最后一处遗迹。

图 111 衣物残片

图 112 涂墙木板

图 113 青铜戒指

图 114 瓶形垂饰

图 115　尼雅遗址 N.XXXIII 古代牛圈遗迹

　　然后往回返，经过最后扎营的地方后继续南行，去寻找遗下的废墟。这时强劲的东北风刮了过来，卷起漫天尘埃，大地一片灰暗。不过即使没有这场风，环境也在变得越来越昏暗，尽管活矮树丛出现的频率越来越高。这种矮树丛生长在沙包四周，沙包的顶上则生长着大红柳，高度自 20 英尺至 40 英尺不等。这种沙

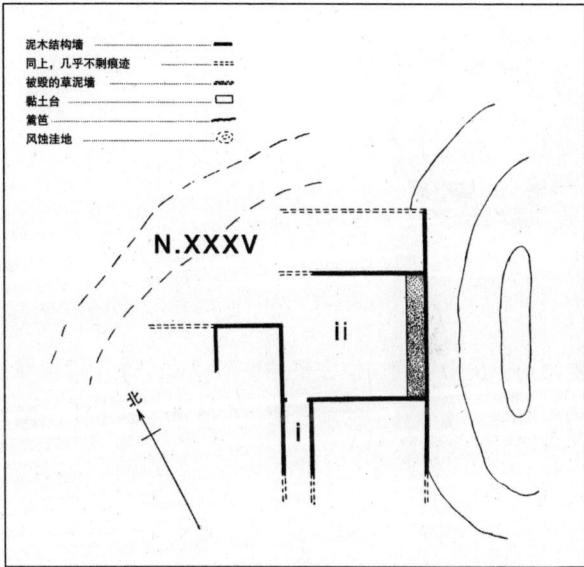

图 116　尼雅遗址 N.XXXV 房址平面图

包之间，必定能找到遗址。N.XXXV 就是在这样一种迷宫般的沙包林里找到的。这处废墟位于 N.XXIX 以南 1.5 英里多一点，那是一个异常阴沉而封闭的地方。废墟相当大，是一处住宅（图 116）；西面暴露无遗，风蚀严重，特别是沙包的脚下部分。其余由于流沙不断从斜坡上滑落下来，事实上不可能进行清理。中心室 ii 还

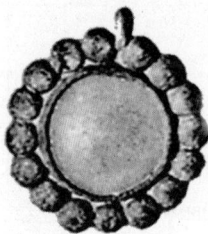

图 117　垂饰

能找到，从中发现一件完整的楔形双筒。在附近侵蚀地上捡到一些小器物，其中有一件制作精巧的垂饰（图 117），圆形银托中镶嵌着一块浅绿色玻璃。

第五节　最南边废墟群的踏勘及遗址总览

我们来到多少更为开阔一些的地方，附近随处可见死去的胡杨，到达那天我就注意到，其中有几棵还顽强地活着。如图 118 的背景中所示，这里沙丘低矮，红柳茂密，最南一组废墟群就坐落于此，但不包括我首次返回时见到的那处孤立的遗迹。在这片仍在与死亡抗争的丛林中，共找到 6 处古宅，全都是些简朴、看起来有点粗陋的建筑物。我注意到，其中有几处建筑物的墙心是用斜纹席做成，两面用厚层垂直的灯芯草束加固。

表层涂抹的灰泥非常薄，几乎已完全脱落。N.XXXVI位于一个红柳包（图118）北坡脚下，没有出土任何遗物。N.XXXVII位于它的南面，有几个房间中出土了一些佉卢文木简，其中有一枚矩形盖简，上面的封泥上有中国鄯善郡守的官印印迹；另有一块古怪的装饰木雕（图119），系家具上的构件，上面雕刻着四瓣花纹，

图118　尼雅遗址 N.XXXVI 住宅遗迹，发掘中，自南望

图 119　装饰木雕

样式颇不寻常。

住宅 N.XXXVIII 位于东面不远（图120）。其主室 i 三面有坐台，坐台宽 4 英尺，高 15 英寸，上面铺着尺寸为 17 英寸 ×12 英寸 ×3 英寸的土坯。从这里发现一根中心柱，大致呈圆形；还有一件素面双托架，长8 英尺，宽 7.5 英寸，两头上曲。从其榫眼看，也和 N.XXVI 中的那件一样，一定有第二个双托架与其相合。在室 ii 中发现一根木柱，高 5 英尺，截面呈椭圆形，带有一条长 9 英寸的轴，有 16 个侧面（图121）。顶部的前后都饰有粗犷的阴刻图案：长而曲的两根花茎从一个瓶中生出来，茎梢长着下垂的宽叶与果实，风格与双托架（图99）中间嵌板上的图案完全相同。

小住宅 N.XXXIX 位于北面 0.25 英里，已被严重风蚀毁坏。从那里发现一件矩形盖筒，削造粗糙，显然还未完成。营地附近有一个台地，高约 15 英尺，上面有一处小废墟 N.XL，只有一个房间历经风蚀仍然保存下来，房间中有壁炉，三面有坐台。西面约 30 码耸立着一个红柳包，红柳包的下部

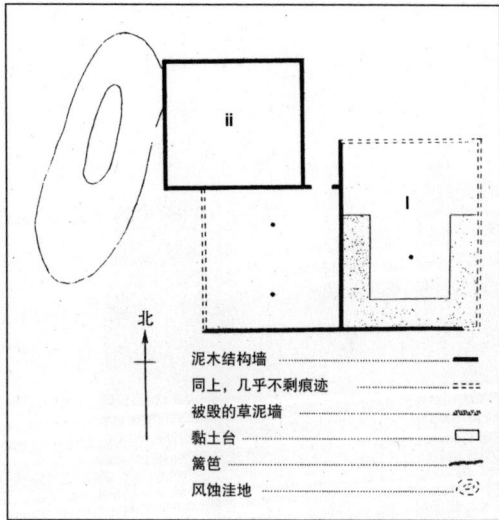

图 120　尼雅遗址 N.XXXVIII 房址平面图

已被风蚀，但包顶上还立着死胡杨，这一现象令人费解。因为这些胡杨所处的位置，比 N.XL 的地面约高 5 英尺。就像邻近地区常见的一样，它们肯定是当沙丘还很低的时候就开始成长起来（图 118）。但是，由于风蚀作用，红柳包的顶部现在高出相邻地面足有 21 英尺。

我必须提到一个特别奇怪的现象，就是在曾经肯定是住所的这些废墟中，经常见有很厚的羊粪层。一开始，我对此很感困惑，但等后来调查了米兰、楼兰遗址和其他一些地方之后，就明白了

图 121　尼雅遗址 N.XXXVIII 遗迹发掘出的木柱

其中的道理。很明显，这些废墟在被废弃后的一定时期里，又成了在此牧放的羊群的栖居地。每当夏季来临，废墟周围草木丛生，这个到老遗址最近的地方，正是放牧羊群的好去处。但是没有留下任何可以帮助我们确定其哪怕是大概年代的考古学依据，而且考虑到即便是在紧邻的地方，确定因素也会全然不同，故以沙包增高的推测性速率、附近野白杨的树龄和诸如此类因素为基础来计算废墟的年代，可能会很容易导致错误的结论。不过至少可以确定，废弃的住宅只有当其还处在相当好的保护状态时，才有可能诱使牧羊人加以利用。同样值得注意的是，我发现只有在遗址的最南部，才有如此使用的迹象。现在我就要记述有关尼雅河尾间河道的情况，这将说明这一差别的理由。

到 10 月 30 日，只剩下南边普通住宅 N.XLI 的清理还没有完成（图 34）。返回遗址的第一天，我就从这里获得三块佉卢文木简。这里遗迹不多，风蚀倒很厉害，而且显然最近有人挖掘过。从这里只发掘出一块状况极差的佉卢文木简和几件不同质地的小器物。其中值得一提的只有一根小木棒和一根长木棒。前者似乎是一支笔，后者据其两头被磨圆并被烧焦的情况判断，可能是钻木取火器的钻杆。与此形成鲜明的对照，废墟周围的环境特征却有趣得多。图 35 是从东边一条沙脊上拍摄的全景照片，利用它将有助于详细说明我对此地区的总的印象。废宅周围，还可看到当年曾环绕于住宅的成排的白杨和篱笆线，篱笆将小凉亭与果园围起来。西边约 70 码的地方，立着的死桑树树干高约 10 英尺或更高，这些死桑树围成一个矩形，曾经遮掩着一个大蓄水池，蓄水池的洼坑至今依然清晰可辨。

　　大蓄水池的源头是一条古河道，离此并不远，就在拍摄全景照片时所站立的西边最近的那条沙脊后面。古河床上横架着一座人行桥，尚有 90 英尺长。人行桥的桥墩是一种木支柱，在东头还有两根依然立于原地，其一高度超过 10 英尺。现在的桥体东段是一根削平了的大白杨树树干，长 39 英尺，宽 1.5 英尺，清理覆沙后发现它直达河的对岸。小桥这一段的引桥部分无疑曾由三根窄树干并排组成，长约 40 英尺。此外，还能找到另外 10 英尺长已散开的树干断块，它们散落在风蚀斜坡上。斜坡从西面向下延伸至洼地底部，那是古河床的最低处。根据现存桥东头所示高度，河床底深 15 英尺。

　　离现存小桥的最西边约 68 英尺，斜坡终止，取而代之的是陡峭而坚实的风蚀黄土河岸。照片清楚显示出其上面连着类似的平行河岸。这无疑是在风力冲刷作用下切割出来的。但风本身似乎也受到老河岸走向的制约，至少是受其影响。与吐勒库其库勒下游尚能追踪到的末端河床一样，这里河岸的走向也是向北略偏西方向。桥西北可见到成排园艺树和篱笆痕迹，延续 100 多码远。再往外有一块明显的洼地，如全景照片所示，看上去很像一个方形大蓄水池。经测量，它南北宽约 100 码。在测量员拉姆·辛格的陪同下，我随后着手沿干河道下行。顺上述方向走不到 0.5 英里，发现古河床急转西南。依此方向，古河床又前伸约 1 英里，穿过一片奇怪的开阔地，那里几乎没有植物，除大片大片很纯的黄土外，全都是 8~10 英尺高的低沙丘，与以前在南边穿过的密集的红柳包地带形成鲜明的对照。古河床有些地方完全被流沙覆盖，只有间或露出陡峭的河堤，才知其还在延续。

之后，河床又恢复为北偏西走向。横过河床后，我们爬上西边一条高 15 英尺的大沙梁，看到河床与一片溪谷状洼地汇合，然后向西北远方延伸，红柳和野白杨间杂伴生。北面是茂密的胡杨林，树干粗大，显然已年深日久。从我们所在地点起，这样沉静的宽阔山谷景色绵延了数英里，两岸大沙丘达坂对峙而出，就像耸立于荒原的真山脉一样。沙丘高达 200 多英尺。其中一条，与我们在北和中部废墟群工作时所见西边的那条沙脊相同。在这里弄错那些巨大的河岸沙梁是不可能的。因为我清楚地知道，它们总是与消失于沙漠的所有河流的末端河道相伴出现，后来当我于 1908 年 2 月从北向南横穿塔克拉玛干到克里雅河老三角洲时，对这一点就研究得特别清楚了。不管是凭着测量员敏锐的眼睛，还是我自己借助于大倍率双目望远镜，都没有能发现任何地方存在着古代废墟或耕地遗迹。站在我身边的伊布拉音也说，他曾几次搜索过这条大峡谷及其以西区域，希望能找到更多的古遗址，但都毫无所获。显然，这是夏季洪水期间尼雅河水在经过灌溉绿洲中的渠道以后所最后注入的洼地。那里野白杨生长旺盛，表明即使是现在，肯定还有某种地下水道通达这荒凉的峡谷。更何况就在西北的一个地方，我们又找到了老河床。我发现，那里河岸上只覆盖着一层很薄的流沙，露出枯萎的死沙枣树树干和低矮凋败的芦苇梗。这条河床当然久已没有水了，总之，对这个奇怪地区的干旱情况，只能简明地叙述。

考察完刚才所讲这段不长的古河道之后，我在尼雅遗址的工作便结束了。10月30日傍晚，我打算将营地重移到伊玛目·贾法尔·沙迪克大寺，然后前往居民区。在这个沙漠化的绿洲废墟中，经过12天连续辛勤的劳作，取得了巨大收获，发现物是如此丰富，因此我觉得，即使遥远的东边还有各种工作在等着我，我都没有那份热情去严格考虑时间的限制了。尽可能确定公元3世纪左右最南废墟群上尼雅河下游地区确切的河道，以及完全确切地找到这个曾得到灌溉的地区的最东缘，将具有地理学和古物学意义。但如果我不得不放弃这些可能要花去我宝贵时间而又不可能产生足够收获的调查，在判断上也还是有充足的补偿。我已有的调查和发现，本质上已经证实了我以前探险时所得出的结论。

我们可以大胆地推断，这些废墟曾属于一个分布很广的聚落，该聚落以农业为主，在公元3世纪时期兴盛起来，大约至该世纪末中原王朝对塔里木盆地暂时失去有效管理时即被废弃。从 N.XIV 垃圾堆中发现的木标签很有意义，它上面写有汉文题记，题记说到当地的一位王室成员。一方面，这证明了汉文记载的正确性，因为汉文文献提到，精绝国直到公元3世纪中期还是一个独立的小国，而且很清楚，其位置与尼雅河流域相当。另一方面，它再次以事实说明那一时期中原王朝对这一地区产生了重大影响。

　　的确，新的发掘没有再发现署有日期的文书。那件文书明确地解决了遗址的年代这个主要问题。但是，在新见废墟中所获木简上，一再出现与从 N.XV 出土的佉卢文文书上所见相同的皇室名字。我们抛开这个事实所提供的间接证据不论，还有两个否定的证据支持以前所推断的遗址废弃的大致年代。从新发掘的范围来看，它们又是一个额外筹码。

　　首先值得注意的是，虽然这次所发掘的废墟数量上要比 1901 年的多得多，却没有一处出土哪怕是一张最小的纸片。这个事实的年代学意义，因楼兰遗址的考察而得以大大加强。楼兰遗址位于罗布淖尔以北，我后来的调查证明，它肯定一直延续到大约公元 4 世纪中叶才告废弃。在楼兰遗址，与较古老的木文书一道出土的还有大量纸文书，有的是汉文文书，有的则是佉卢文文书。考虑到尼雅遗址实际上不是位于就是靠近连接甘肃与和田而西去的古代贸易之路，所以对它显然缺乏纸的发现这一问题唯一的解释就只能是：尼雅遗址的废弃多少要较罗布淖尔早，而且是在纸的使用或制造从中国西传之前。

　　钱币同样是一个有力的证据。10 枚中国钱币，不是发现于所发掘废墟附近，就是拾自遗址其他风蚀地面，但无一例外，都通行于后汉或其后不久。我上次访问时，对钱币进行过分析，得出的结果，与此完全相同。

　　基本观察依旧有效，它表明该地区的当地政府继续使用这种印度语言和文字。尽管尼雅遗址出土的佉卢文文书的解读和出版遇到了困难，似乎还是可以肯定地说，他们的早期印度俗语，与《特雷依·德·兰手稿》的桦树皮残片上所包含的《法句经》写本中的印度俗语一样，无论是在语言还是其他特征方面，都显示出与可以证明自古代起即在印度西北部流行的方言有着密切关系。至于文字，可以肯定，其佉卢文字体与印度西北部贵霜时期碑铭中的字体极其相似。但是由于后者的年代仍然为其目前的模糊不清所困扰，所以从这些古字契约中包含的证据中获益的，与其说是中亚史学研究，倒不如说是印度史学之研究。

同样诱人的是将当地官方使用这种印度语言和文字，视为正好支持玄奘记载的一个古老传说。这个传说讲到早期和田人口中的大部分是从呾叉始罗即印度西北部希腊人的塔克西拉迁移过来的。但我后来的探险结果证明，大约在同一时期，在罗布淖尔地区那样遥远的东方，佉卢文字和早期印度俗语也被广泛用作正式的官方语言和文字，这个结果拓宽了上述问题的方方面面，并在一定程度上改变了问题的方向，这肯定也是清楚的。因此，我们就面临着这样一个问题，即佉卢文与印度俗语的使用传播到如此之远，这到底是政治影响的结果，还是重要得多的文化影响的结果？因为大约在纪元初的几个世纪里，兴都库什南北强大的印度—斯基台政权似乎在塔里木盆地里活动了一段时间，这可能会对盆地产生一些政治影响。而佛教大约也是在同一时期从阿姆河东传，随着佛教的传入，也必定带来文化的影响。所以试图对此类问题作出肯定的回答，还为时尚早。

尼雅遗址雄辩地证明，这里自然条件发生过巨大的变迁。我已经强调了"尼雅河最后的河道及其灌溉区域至少缩短了 15 英里"这一点的重要性。对发生这一萎缩现象唯一合适的解释，就是（气候）持续变干。我以为这个特征提供的证明似乎更加确切，因为就尼雅遗址而言，不存在供水水源方面的问题；而且如果撇开基于可用水量、灌溉技术等因素的论据而对古今条件作一比较也是可能的。至于可用水量、灌溉技术等因素，与塔里木盆地内其他地方一样，这里也还有待资深灌溉工程师系统考察。同时我认为有必要指出，虽然干旱所致的供水萎缩"充分说明了为什么古遗址从未被重新起用，却并不证明最初的废弃直接唯一地归因于它"。我不妨再加上这句警告："像多数历史变迁一样，（废弃的）原因可能比今天探询者试图推测的要复杂得多。"

我仍然坚持，已证明的干旱的确定性，与废弃古绿洲实际所在环境的不稳定性，二者之间存在着差别。现在尼雅河的规模与条件，甚至不能到达废墟所示古耕作区的延伸部，就更不用说灌溉它们了。1905 年亨廷顿教授短暂访问该遗址时作出的这个有趣的估算，的确十分清楚地阐明了这一事实。但我从他记述的对那里的调查中并未发现任何能够证明如下推测的东西：公元 3 世纪末该聚落被废弃，直接归因于灌溉水源的逐渐缺乏。我重新调查时也没有找到可以稳妥解决这一问题的肯定的证据。但有一些结果却具有直接而重要的意义值得作一总结性的简单回顾。

首先要注意的是 N.XXIV 小档案库的发现。根据前面所述，可以肯定地认为该住宅的最后主人是迫不得已才匆匆离去，而不是因为绿洲的逐渐废弃，例如随着灌溉的慢慢丧失导致的渐废。我们的确不可能知道迫使他匆忙离去的紧急事件是什么，也不知道是什么原因阻止了他返回来。相关的历史知识是如此有限，而可能的解释却又肯定很多：战争、危险、传染病、财政困难，等等。在对遥远过去偶然发生的人类事件作出推断时，我们应从此事例学会必要的谨慎，而不是去妄加臆测。

关于这一点，大规模的发掘未能找到哪怕是最轻微的考古学证据，可以说明古绿洲不同地方的废弃是逐渐发生的，这是一个相当重要的理由。正如亨廷顿教授所指出，灌溉方面的困难如同包括达玛沟这种典型在内的无数现代事件所表明的那样，首先会在渠道系统的边缘发生。但虽然所调查的建筑遗迹现在从南到北绵延 12 英里，却证明不了如下推测的正确性：老绿洲北部遗址发现物均比其另一头要早。特别重要的是有与此推测相反的证据，那就是具有确切帝王日期的文书，就我们目前所知，这种文书始终如一地分布于整个遗址区域。

关于这一点，我既没有在北部废墟群，事实上也没有在该遗址的任何其他地方，碰到过任何被砍下的残果树。作为绿洲极具意义的纪念品，它们是逐渐舍弃的，这个情况很重要。因为废弃区的凉棚或果园总是变成仍得到灌溉的那些退缩后的耕作区便利的木材和燃料。我注意到，在遥远的老达玛沟和敦煌附近南湖边缘的遗址中，无论是弃地还是家园，凡居民易到之处，还在继续着同样的过程。然而，我遍历整个尼雅遗址，所见古白杨和果树颇多，或立或倒，却不曾发现任何证据表明它们是被人工毁坏。

我只在最南边废墟群中，找到过后来被用作羊棚的痕迹。乍看起来，这个事实似乎是一个区别，说明该遗址曾被再度利用。但事实上它只证明，到这个被废弃的绿洲开始用作牧场的时候，牧羊人立足地所必需的供水只有在其南端才能获得。它紧邻古河床就充分说明了这一点。以此而论，大概在废弃耕种后的数世纪，夏季的洪水甚至还能汇至于此。我们看到即使是现在，在最南边废墟附近还残生着大量红柳和野白杨。而且从房屋作为实际家园被废弃的那一天开始，到其后来又被重新用作羊群的栖居地，这中间很可能相隔了很长一段时间。

最后，除干旱外，还有一点应该引起注意，那就是自然变迁可能导致绿洲的废弃。我是说这种河流的尾闾绿洲，总是面临着由于河道大侧移而带来的灌溉的困难或中断的可能。在以前的讨论中我曾指出，消失于沙漠的河流，其尽头三角洲总是时常发生变迁。由此看来，遗址最南端的古河床现在就被赋予了古物学价值。就像是从吐勒库其库勒下游向前逝去，这些古河床刚好位于现在尾闾河床的延伸线上。因此，很难相信这条河流在这里发生了如此重大的迁移，以致无法从那里获得灌溉。此外，山一样高大的沙梁的存在好像也反对作出此种推测。这些沙梁对峙在河流两岸，使这段末端河道的河边地带看起来就像山谷一般。这种特征是河流本身作用所致，是河流经过长年的沉积所构成的，而且是形成于古代。

　　如果当时绿洲的废弃直接或间接归因于河流的侧移，那么我们将不得不到上游某处去寻找它的发生地。在伊玛目·贾法尔·沙迪克东南，我的确发现了一连串结有盐壳的洼地，平行于河流的尾闾河道，并且有一部分仍然是湿地，显然是河流发生变迁后留下的老河床。但对于其年代序列，我当然是一无所知。其中最近的一条叫恰瓦库勒，直接处在一条渠道的延伸线上；我访问时，这条渠道还满载着河水，输往卡巴克阿斯干。大概可以肯定地认为，尼雅河的末端河道总是易于变迁，这是该地区所有河流末段常见的特征。但是，在缺乏直接史载记录的情况下，我们绝不能希望知道，威胁公元 3 世纪末古绿洲供水的是否就是这种变迁，抑或为什么人类活动对于避免产生灾难无能为力。

　　这使我最后重又注意到上次讨论中所强调的事实：公元 3 世纪末刚好是中原王朝对西域治理减弱或中止的时期，当时正值晋武帝驾崩，帝国发生内乱。事实上，公元 4 世纪早期，帝国与塔里木盆地之间的直接联系就一直被在甘肃西部建立起来的实际独立的地方政权所打断。

　　至于这次中原王朝对西域有效管理的长期中断对罗布淖尔和帕米尔之间各小国经济上所产生的影响，尚无直接的史学证据可以说明。更不用说能在多大程度上从有效的记载来判断中断本身，是当时气候变化而引起的经济原因所致，亨廷顿教授曾建议我们作如此假设。但考虑到我们了解的塔里木盆地中所有的耕作具有特别的不稳定性，因此似乎可以肯定地推断，发生如此巨大的政治变化，在经济上也应该有所反映。因此无疑值得注意，如我们后来的调查所示，在安迪尔遗址、米兰和罗布淖尔以北各遗址同样见到类似的绿洲，它们以前都有人居住和耕种，但大约在同一时期或稍迟也被废弃。这种绿洲的废弃是同一时期自然原因所致，还是至少部分地归结为政治变化等这类人为因素所致，我们目前无法确定。

第三章

安迪尔遗址

第一节　比勒尔孔汗遗址

因有种种急务要办，我在伊玛目·贾法尔·沙迪克停留一天后于 1906 年 11 月 1 日清晨起程，穿过高高的沙丘东行，打算在前往且末之前再次探访安迪尔河尽头附近地区。1901 年，我曾在那里考察过一座半埋在流沙里的古堡和一座窣堵波，但由于时间不够，我没有全面考察整个遗址。各种迹象都表明，那里还有其他遗址，考古职责也不允许我放弃再次考察的机会，即使远离去且末、罗布泊的最近道路也在所不惜，更何况在尼雅还获得了一件奇异的物品。

听说我打算前往安迪尔，麻扎村一个青年农民、上次访问时的可靠向导对我谈起一块写着字的板子，是一两年前他去安迪尔古堡附近"寻宝"时找到的。返回村子后，他把东西交给我检查，着实令我大吃一惊，那竟是一块不平常的长方形木板，保存完好，两面都清楚地写着佉卢文文字，可以看出与尼雅木文书的年代大致相同。但是，1901年我在安迪尔古堡的发现已经证明，遗址应是属于公元8世纪初叶，可能过后不久即废弃荒芜了。这就是说，1901年考察过的遗址与沙迪克摆在我面前的文书之间，整整相差了近四个世纪，一开始，我怀疑文书是悄悄从尼雅带来的。尽管再三盘问，沙迪克和他父亲、麻扎村的老牧人萨姆沙克都一直坚持自己的看法，那么假定他们说的是真话，于是就产生了一个只有去现场才能解决的考古难题。这个问题的解决实在具有非常广泛的历史意义。

　　为了不给已经十分疲劳的人员和骆驼增加更多的负担，我只能重复1901年曾平安通过的老路前往安迪尔，否则我倒真想利用这个机会走走尼雅遗址与亚通古孜河尽头之间未经考察的地带。一路的情况无须再提。11月3日，我重新来到亚通古孜塔里木小村。正如过去的考察报告中所说，那是河流尽头处的一片小绿洲，具有这类绿洲的一切特征。正因如此，我当然很想在今日河流尽头之外的沙漠中找到过去居民点的残余。但不幸的是，当地人全都否认那边存在任何种类的古代遗迹，而且亨廷顿教授1905年已在这一带找过几天，结果是一无所获。于是，我决定不在这里浪费时间了。

　　自上次探访以来，小绿洲的情况并没有什么明显的变化。过去招待过我的阿卜杜勒喀里木阿洪只是抱怨说，主要由于河流变迁不定，收成很是糟糕，为了应付主河道的频繁转移，整修堤、闸、渠道费去了很多精力和钱财。尽管我又从民丰招来一些民工，但是，从这个小村子为大队人马弄到几个星期的充足粮草却毫无困难，可见人人都知道水量足够更多的耕地之用。民丰有人曾告诉我，耕地至今未得扩展只是因为缺少劳力，而村子的主人阿卜杜勒喀里木老头根本不想去找人。此外，我也从来没有听到有人埋怨因水太咸而影响了耕种。亨廷顿教授认为，亚通古孜河水含盐太多，以致不可能长期耕种。但我当时没注意到这一点，调查中也没人谈起过。看来只有作过精确的化学分析，并与该地区其他河流的水质加以比较之后，才能得到可靠的结论。此处还应说明，亨廷顿教授曾听说这个村子上游五六十英里处有些"废墟"，并称其为海牙伯克，是古代的一个大农业村落。我没能找到它们，但认真地将此事交给了我那不幸的帮手奈克·拉姆·辛格。1908年3月，我派他前往米兰，结果在归途中双目失明。从民丰去且末途中，他确实到了那里，发现它紧挨着河道，在商路以南约6英里处。据他描述，那是一个小塔提，风蚀的地面上可以见到做工粗糙的陶器碎片。他带回了7件样品，全是手工制作、明火焙烧而成的赤陶，陶土很粗，普遍外红而内中墨绿。从很久以前直到近代，塔里木盆地东部一直在使用这种赤陶器，因此凭现有知识无法从这些碎片来判定该塔提的年代。

　　11月4日，我从亚通古孜塔里木出发时，直接目标并非沙迪克声称取得佉卢文木简的那个遗址，而是安迪尔河末段以西沙漠中他父亲萨姆沙克几年前去过的阔纳沙尔古城。上次来时，人们不肯告诉我那个地方，要不是通过马继业爵士得到消息说，亨廷顿教授年前曾在这一带考察过显然与萨姆沙克所述相符的遗址，以此支持了萨姆沙克的说法，亚通古孜村民这次恐怕还会矢口否认呢。经过多方探询，亚通古孜村一个老牧人终于承认知道那个遗址，说它就位于一片有着低矮沙丘和长着沙漠植物的宽阔地带中。

第一天走过的地方过去已有记述，就是亚通古孜河的古河床，其间时而是高大的沙脊，时而是低平的盐碱滩。夜间，我们宿营在一块滴水皆无的狭小平川上，即一个名叫央塔克恰瓦尔的地方。第二天，向导领着我们离开了我 1901 年去安迪尔时走过的牧羊小路，东行约 6 英里后到达比勒尔孔汗地带的边缘。从这里望去，是一片宽阔的地域，布满一座座高大的红柳包，低沙丘间还生长着相当茂密的胡杨林。为了寻找遗址，我在这片令人晕头转向的地方碰到不少麻烦，花去了许多时间，最后出于安全方面的考虑，只得带着大队人马奔往安迪尔河，好不容易才沿着河道来到紧挨它的阔纳沙尔古城，这些都已经在旅行笔记中作过记述。后来我才弄清楚，这个遗址位于安迪尔河下游西河道以西约 5 英里处。1901 年时，这段河道已经干涸，但迁移不定的河流现在却又重归故道了。

一望便知，这个遗址的样子更像一座古代城镇，与那种散得

图 122 比勒尔孔汗堡垒村庄内部全貌，自东北围墙眺望

很开的建筑遗存，以及被塔里木盆地人一律称为塔提的撒满陶器碎片的地方都不相同。这里，在一块红柳较少、仅有些小沙丘的平原上，我发现一块被泥墙环绕、挤满房屋、大致为椭圆形的地域。泥墙的痕迹多处可见，而房屋十分简陋，但全都保存完好（图122）。勘测表明，泥墙中这块不大规则的椭圆形地域，纵轴长约

263码，方向为东北—西南；横轴长约210码（图123）。

从照片（图122、124）上可以清楚地看出，房屋普遍具有粗糙的泥墙，多为干打垒式，间或也有些带一层层的小型粗坯。屋顶一律为胡杨原木加树枝、泥土，许多都还基本上完整无缺。有三四幢房屋的墙壁是用芦苇捆加泥筑成，柱子则为胡杨原木。此

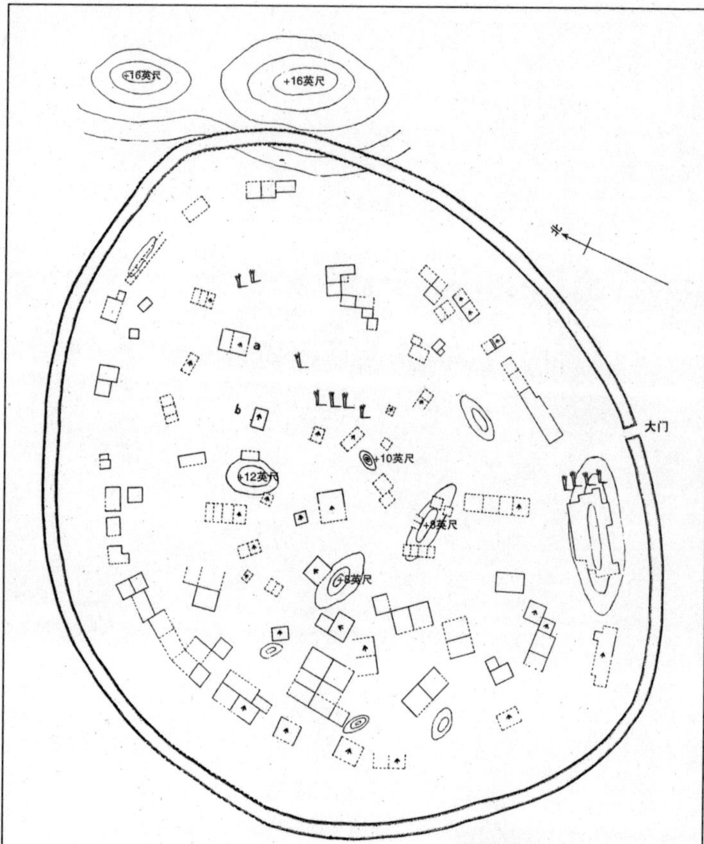
+16英尺
+16英尺
北
a
b
大门
+10英尺
+12英尺
+8英尺
+8英尺
篱笆或夯土墙
篱笆墙严重腐朽
夯土防御墙
做过发掘区域的标志
枯死的野杨树

图 123　安迪尔河附近比勒尔孔汗堡垒村庄遗址平面图

图 124　比勒尔孔汗遗址围墙内近门处的住宅遗迹，部分已清理

外还有两座用胡杨树干围成栅栏状的单间圆形小屋，其中一间曾遭火烧，只剩下数英尺高。这些简陋的房屋，有的单间，有的多间，一幢挨着一幢，毫无秩序地分布在墙圈内，但不知为什么最大的那幢却紧靠着围墙。

围墙与里边的建筑及整个布局同样粗疏。它是一道土墙，底宽约 16 英尺，高约 8 英尺，上面铺一层层草和粗制横梁，形成一座平台，平台外侧用不规则的土坯筑成厚约 1.5 英尺的胸墙。在围墙的大门附近还可以看到这样的一段胸墙（图 125），高 4 英尺；

大门只能找到一扇，算来是开在围墙的东南面，宽约 11 英尺，进深 17 英尺，巨大的粗制木门轴还保留在原来的位置上。从外表上看，墙是干打垒筑成，土层中杂乱地夹着形状各异的泥坯层，用来替代砖石，整个建筑的强度、外形都远远赶不上安迪尔唐堡的城墙。除北面一段被直径 14~16 英尺的红柳包掩埋外，其他地方

图 125　比勒尔孔汗堡垒村庄东南围墙上的门，自外侧向内望

的围墙都还能看得到。凡是没有沙子的地方，都能清楚地看出围墙曾遭火焚，墙上或墙边有焦黑的木头残骸，墙泥也被烧得发红。

经过初步探察，我已发现这里尽管有简陋的围墙，但恐怕只能称作是一个荒村罢了，其遗迹看来也没有多么古老，墙圈内外都找不到风蚀的痕迹，而这却正是时间加诸本地区所有遗址上的不容错认的标志。尽管很少受到沙子的保护，遗址中暴露在外的原木柱子和顶梁既没有严重发白，也没有碎裂，根据经验，只有遗址梁木上才出现这种迹象，说明它们曾长期裸露于荒漠的狂风和严酷气候之下。已勘察过的建筑都同样简陋，恐怕不会找到多少对考古有用的东西，不过房屋的数量却如此众多，这在一开始确实使我大惑不解。幸好我带了一批能干的民工，又从亚通古孜招来一些帮手，使试验性清理工作能够尽量加快。

我们的工作从北边两座（图 123，a、b 处）比较像样的建筑入手。建筑的顶盖不高，由胡杨原木再盖上一层树枝和泥土构成。室内流沙虽没有堆到屋顶，但已足以保护由竖立的芦苇捆外抹泥层构成的墙壁。整个梁架全都没有好好加工过，仅用一些未经削刨的胡杨树或其他树干，横架在山墙的顶上而已（图 124），不像我从丹丹乌里克到安迪尔一路上见到的所有佛教时期的建筑遗迹，更不像如今和田地区结构坚牢的现代房屋。两座建筑均没有几间房子，经清理后发现全都空无一物，甚至连土炕也没有。而在现代绿洲上的贫困农舍里，以及尼雅遗址最狭小的房屋中都有这种东西。此外，我们也没有发现灶台，只见一两处有挖在地面上的坑穴，上方顶棚开着烟道，看来就是居民生火的地方。

接下来清理的一些小房屋，也全都是同样的情况，尽是干打垒的土墙或当作土坯用的粗制泥块，除了一根中间挖空当槽用的胡杨树干，看不到一样简单的家什用具，甚至就连别处古代居民区最通常的标志——陶器碎片，在这里也别想找得到。但这还不是最奇怪。在这个地区里，不管是古代还是近代，凡是住过人的地方，旁边都会堆积着垃圾和畜粪，而此处的屋内、屋外却什么也没有。很清楚，既然毫无指望获得可资判断年代的考古证据，在这里花去两天时间已经足够。同样，我们制作的平面图也只是标出的各幢"房屋"的位置及其大致的外部尺寸，至于内部小房间如何划分，仅能粗略示意罢了。

工作临近结束时，我们对这一带的整体情况做了一番周密的考察，结果揭示出一些事实，对于解答这个奇异遗址的起源和性质很有意义。如前所述，从开始我就对没有风蚀痕迹感到奇怪。这本身已说明遗址的年代不会太久远，同时它有助于解答某些其他的征象：如围墙附近就有不见流沙的广阔田野，却哪里也找不见曾经平整、筑埂以便灌溉的迹象，而在古代耕地上，只要是免遭风蚀的地方，就会长期保留着这类残余；再如尽管围墙里外都有许多死去的胡杨树立在那里，却见不到果树或人工栽植的杨树；而死胡杨中有许多还只是些幼苗，但唯独在墙圈内部房屋之间的空地上长着些粗大的老树，显然早在村子建立之前它们已生长在那里，于是当清理、建筑工作开始后，为了遮阳而把它们保存了下来。这些年长的沙漠植物大多还保存着细小的枝杈，说明它们枯死不久。以上种种全都给人一种印象，即这个废弃的居民点属于伊斯兰时期，距今还不算太远。

如果只考虑到房屋同样简陋和全都没有垃圾堆这两个事实，则最好的解答是：在安迪尔河末段河道比如今偏西，也许与库尔孜其、托库孜库勒上面至今可见的干河床相接的时候，肯定比较容易将水引入如今覆盖红柳和死、活胡杨的广大平川，于是人们打算乘机建立一个农业居民点。然而，再考虑到这里曾筑起一道城墙，里面拥挤着许多式样相同的临时性房屋，却又清楚地表明与通常那种随意发展起来的"新地方"截然不同。

只有将历史研究和考古观察结合起来，才能解答为什么这个地方会出现一个居民点。下文在谈到安迪尔以东更古老的遗存时，将说明安迪尔河末段植物带地区历史上一直具有特殊的重要性——在从民丰至且末长约200英里的荒漠道路上，只有这里能够成为适当的中间站。河流东岸附近的那些堡寨废墟是人们不断试图在这一带建立居民点造成的，为的是保护和促进沿着塔克拉玛干边缘，从和田经罗布泊直到中国内地的交通。这样一来，我们有理由认为，现在这个带围墙的村寨废墟，产生于伊斯兰时代，虽然时间较晚，却也是一系列为了同样目的的努力之一。

新的居民点选在哪里，取决于安迪尔河道的迁移。根据村子附近毫无农耕的迹象，也根据上面谈到的其他证据来判断，建立居民点的尝试肯定很快就失败了，至于其直接原因则很难说，因为缺乏确凿的证据。有许多情况都可能导致这种结果：在当地的特殊自然条件下，河流再次迁移，流入东面5英里处现在的河床，仅此就足以使灌溉落空；此外，围墙的上层建筑为粗木梁上铺草捆，凡可见之处都有火烧的痕迹，同时那几间经过清理的房子中，木梁上也都有某一部分遭过火，尽管当时的具体情况已无法探明，但这些都不能不使人想到是一场大火灾造成了定居计划的早早结束。再有一种假设也值得一谈，那就是遗址的结构特点使我联想到，它也许是那类短命的强制殖民企图之一，自古至今的中亚统治者都常常热衷于搞这类毫无必要或毫无用处的玩意。如果真是这样，我们就不难理解这处村寨的临时性质，其超乎寻常的拥挤，以及其异常粗糙的建筑物，除牧羊人的小棚屋外，我实在想不起在和田其他地区还曾见到过这么简陋的房屋。

最后，我还要对干旱问题说上几句。干旱是一个影响自然环境的永恒问题，在安迪尔地区也不例外。亨廷顿教授曾以他一贯的方式对这个问题作过透彻的探讨。但这个村落的废弃恐怕与那种长期缓慢的过程无关，因为一方面这里根本没有真正开始耕种，而另一方面则是，就在河流下游10英里处的安迪尔塔里木，直到今天仍存在着一个小小的农业村落。虽然我没有时间去那里访问，但我已在比勒尔孔汗遇到许多该村的居民，获得了有关当地情况的有趣资料。

据他们说，安迪尔河尽头现在这个绿洲需要对付的问题，全都是主河道迁移不定所引起，主要是阿克苏即夏季的洪水造成河流改道，使灌溉渠道失去作用。后来，当我到达安迪尔河时，他们的说法得到了证实。如旅行笔记所述，我发现河流已完全流入到1901年时被称为昆尼河的河床里去了。此外，我还惊奇地听到村民们在商量，要使用机器来解决问题，不过他们也知道目前财力所不及。他们计划在安迪尔遗址上面的平川上，紧靠荒芜的旧村庄修建一条大坝，以改变夏汛河水的流向，使现在的河床中只剩下由小溪注入的水流即喀拉苏。据说，常年不断的喀拉苏的水量已足够供给比现在安迪尔塔里木更大的村落。事实上，按照民丰来的那些人估计，其水量可以转动10台水磨。当然，这里同样需要水利专家长期认真的研究，才能为过去和现在的灌溉能力提供精确的数据。

第二节 发掘安迪尔唐堡及其周围地区

11月8日上午，我再次看到了安迪尔遗址的显著地标，就是那座高耸的窣堵波。1901年我来这里时，因为行期仓促，只发掘了窣堵波及其东南约1英里的废堡内部（图126），而且还漏掉了废堡内一些埋得太深的房舍。现在，随着再次在它旁边扎下营寨，我的考古狂热也就得到了宽慰。大致踏勘了一番之后，我已确信中央那座小庙的遗迹在这段时期内没有受过损坏。上次就是在这个地方，我发现了婆罗米文和藏文的写卷，还有标着年代的重要

图 126　安迪尔遗址唐代城堡内部，自东北望

汉文题记。把庙宇西北角的浮沙清理出去之后，我深为满意地发现那题记再次出现，并仍然与从前见到时完全一样，于是蒋师爷可以亲自验证那个年号。它确实是"开元"，即公元 719 年。

　　接着，我赶紧奔往南边仅 0.25 英里处，也就是沙迪克自称找到佉卢文木简的地方。在伊玛目·贾法尔·沙迪克时，他已把木简交给了我。那块地方到处都是低矮的沙包，上面的红柳死活相杂，沙包间还有几道风蚀的土埂子。沙迪克毫不含糊地指出了那个地方。那里窄看像是台田，只是不算太高。但我很快就明白，松软沙坡上这些数英尺高的东西绝非无关紧要，它们是粪堆，中间露出一座小屋半毁的土坯墙。看来，可能是在我初次来访之后，旁边的沙丘略有移动，使这个货真价实的废墟显现出来。据沙迪克说，比他还早一两年有两个从民丰来找"宝贝"和古物的人最先发现这个地方，但他们只在地上挖了些洞，未曾顾及旁边的粪堆，而当我们略一翻动这一粪堆时，陶器碎片、破毡块、粗布片和坚硬的粪块之间，就出现了一块圆形的小木板，它明显是从木简上切下来，上面还有 5 行不完整的佉卢文字。沙迪克的陈述迅速得到了确凿的证实，他也由此获得重赏。

我们立即开始工作，日落时已将废墟 E.VI 大部清理出来。土

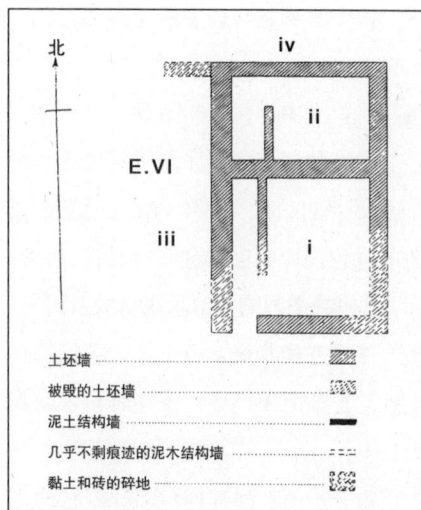

土坯墙	▨
被毁的土坯墙	▨
泥土结构墙	▬
几乎不剩痕迹的泥木结构墙	▦
黏土和砖的碎地	▨

图 127　安迪尔遗址
古建筑遗迹平面图

坏墙残存仅有 3 英尺高，其间分明可辨认出两间房子。墙顶及满房子的废渣上面，覆盖一层厚厚的厩粪和草。显然，这里曾将一座更古老的建筑推倒，利用剩下来的 3 英尺墙壁作了饲养牛马的圈舍。在这两间房子（图 127）以及相邻两处已完全平毁了的房间的地面上，除了发现各种小物品和 3 枚字迹难辨的木简残片，还找到一份完好的佉卢文书（图 128），上面具有不少很有意思的地方。这枚 8 英寸 ×4 英寸的长方形木简，清楚地写着九行佉卢文字，笔法生硬，刻板并有花饰，倒数第二行那串怪字可能是姓名标记或署名。其形制不同寻常，使人想到较晚期的草体婆罗米文。另一件奇异的物品是张柔韧的树皮条，内里写着一行非常潦草的字，看来有可能是婆罗米文，不过至今仍未能解读。这里还发现一个布袋子，内有两粒火石。袋子的形制与前文所述相同，破洞上还带着被火烧出的焦黑印迹。

在这个小废墟中的发现，其意义决不仅限于每件个别遗物的价值，而是在于为整个安迪尔遗址的历史揭示了新的线索。1901年发掘城堡内的废庙 E.I 时，曾找到过公元 719 年的汉文题记，以及许多婆罗米文、藏文、汉文写卷残片。根据这些写卷残片，当时我认为这个古堡是公元 8 世纪初的中国哨营，后来被吐蕃占领，于公元 8 世纪期间即被废弃。在《古代和田》一书中，我已指出过下述事实：约公元 645 年间，玄奘回国途中，曾经过荒漠从尼壤去折摩驮那，即从民丰前往且末，并发现这 10 天的路途上全无人烟。但从尼壤东行进入"大流沙"——这个称呼使人想起马可·波

图 128　写在木板上的佉卢文书

罗所述罗布泊与沙州之间的沙漠——之后，他在出尼壤约四站，距折摩驮那约六站处，到达一个废弃的居民点遗址，当时传说是覩货逻故国。据玄奘的叙述，这里"国久空旷，城皆荒芜"。

　　过去我已谈到，从玄奘记述的路程来看，他所见到的那座荒城很可能就是 1901 年我发掘的古堡，或者起码是在古堡的附近。那里应该在公元 645 年时就已荒废，很难解释怎么会挖出公元 8 世纪初的一个遗迹来。但现在就在我的眼皮底下，从同一个遗址中找到了许多佉卢文木简，从而证实沙迪克的发现时，我感到自己已经有了正确的答案。很清楚，我们已发现了明确的考古证据，证明沙漠中的一个古代遗址在若干世纪后又有了居民，同时也为玄奘那颇为精确的路程记述提供了新的例证。从其古老的书法来看，这次发现的佉卢文木简应与尼雅遗址属于同一时期，而尼雅遗址已知是废弃于公元3世纪末。由此得出的结论显而易见，即出土这些木简的废墟E.VI就是玄奘所见那个荒芜居民点的一座小屋。

根据我1901年的发掘所见，安迪尔古堡在公元8世纪初期曾有过一支唐朝驻军，由此证明可能是在玄奘过后10多年间，随着唐朝重新对塔里木地区的有效治理，由于条件改善和东去的行旅增多，这个地区再次出现了居民。何况，从这次发现的古代建筑E.VI本身的情况，也能看出有过第二度的居民，否则无法解释混有大量麦秆、谷粒的草层，也无法解释盖在断墙和屋内瓦砾上的厩粪。这就是说，当公元7世纪下半叶这里重新出现居民时，显然有人觉得最好把家宅或厩舍建立在坍颓废墟形成的土堆上。就像我在达玛沟附近看到的一样，有人把沙漠重新开发出来，利用红柳包的顶部作为新"居"的宅址。

11月9日，我们继续在古堡周围搜寻，发现了另一些古老居民的遗迹。E.VI.i以南约80码处，有一座非常残破的小窣堵波，它从原地平面算起仅剩下约11英尺高。它的底层只残留一段长约18英尺的南墙，其上层也是方形，留有长约15英尺的西墙和长约10英尺的北墙。整座窣堵波用土坯砌成。底层南墙距地约4英尺处，插着一排红柳枝，显然是用来支撑墙面上的泥塑。小丘上被打了小洞，无疑是盗宝人所为。

唐代古堡西边约0.25英里处，有一座好像塔楼般的小土丘（图

129），初看实在不知是什么东西。与它毗邻的还有一座居室的一点残余，这间房子的木柱、泥墙只剩下了约8英寸高，但仍能清楚地看出水平放置的芦苇篱栅。1号房中出土了两枚矩形佉卢文木简的残片，证明这个废墟属于较古老的居民点。此外，这里也发现一些小东西，如陶片、织物、画过画的木头等。居室东边的小丘经清理之后，证实是座方形塔楼的残迹，其外周的边长为25英尺，里面填满了建筑的残渣。北墙仍有约18英尺高和约3.5英尺厚，

图129 安迪尔，E.VII 废弃的台子，前面有风蚀的住宅遗迹

而且尚保留着墙面，可以看出它的构造为 20 英寸 ×13 英寸 × 4 英寸的土坯层，中间夹着厚 1 英尺夯实的泥层。其他那些尚能找到痕迹的前期遗址，似乎也都是用同样尺寸的土坯筑成。这座塔楼的南墙，向西接出去一段长约 50 英尺的墙壁，也许曾是院墙的一部分。这道墙比塔墙略薄，已经残破不堪。不过，塔楼的真正用途及其与旁边房屋的关系，现在根本无从断定。

E.VII.i 以西约 40 码远，原先曾有一座大型建筑，但现在只剩了地面。在这里，我找到一枚残破的五铢钱，以及一块带浓艳蓝、绿色釉彩的陶片，其他则什么也没有。显然，此地是因为遭到特别严重的风蚀，所以才很少见到前期建筑的遗存，并不是根本没有这类东西，理由是从古堡向南约 1 英里的地面上，所有裸露的地方都散布着许多形制古朴的陶器碎片，此外古堡旁拾到的铜币看来也都是五铢钱，由其残破的样子，同样可以证实风蚀的力量。

在清理这些遗址的过程中，一个偶然的机会使我发现，唐代古堡的土墙有一段竟是建立在结实的垃圾堆上，土墙在玄奘过去后的 20 年至多 40 年内建成，而垃圾无疑是当时已完全荒芜了的觋货逻故国的产物。事情是这样的：古堡仅有那个大门西边约 100 英尺处（图 130），有一段土墙被侵蚀得几乎成了平地，有一个民工在返回营地途中由此经过，一边走一边东张西望，突然看见坚硬的垃圾层里戳着一根小棍，小棍用皮子折叠而成。我当即被叫到现场，亲手把它取了出来，展开后发现是一份保存完好的佉卢文皮文书，内面有 9 行文字，外面只有一行，形制及折叠方

图 130　安迪尔遗址唐代城堡南围墙局部，有门，自外向内看

式均与 1901 年在尼雅遗址最大那个垃圾堆中发现的皮文书一致。

　　于是，我们把古代的垃圾堆认真清理了一番，弄清了它有 6 英尺高，下面似乎才是天然的坚实土地。在墙的另一侧，垃圾堆被包在了后来垒上去的墙泥层之间。显然，在这一段地方，建造者曾不顾结实与否，把围墙筑在了几世纪前留下的垃圾堆上。垃圾主要为羊粪和一些细小树枝，还混杂着许多丝、毡、粗毛制品的碎片。

弄清垃圾中是否有棉制品，对于考古研究很有意义，因据我至今为止的发掘经验，只有唐代或其以后的遗址中才有这类东西。有鉴于这一标准，此处我必须说明：哈诺塞克博士在分析了我们提供的样品之后，发现从安迪尔堡墙下挖出来的碎片中，根本没有棉制品，从而进一步证实了垃圾堆较为古老的结论。在这里还出土一把骨制刀柄，与从尼雅 N.XXVI 废墟发现的很相像。看来，

图131　安迪尔遗址唐代城堡 E.III
建筑中发掘出的木柱

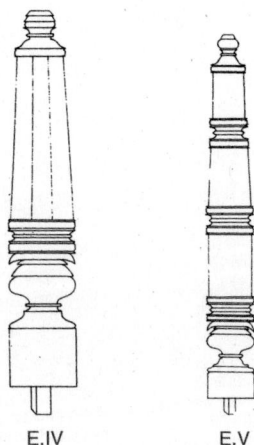

图 132　木柱的立面图　　E.IV　　　　E.V

在公元 7 世纪的建造者把它盖在中国古堡的围墙下之前，垃圾堆早已存在了很长时间，同时不知道还有多少古代的废弃物被埋在墙下。

　　由于围墙的阻挡，堆积起大量的流沙，上次我没能完全清理出古堡中最主要的那大片建筑。但此次民工较多，可以完成这项艰巨的工作了。从建筑 E.III 东南部的 iv 号屋中，发现两根细木柱子（图 131，右侧），高 6 英尺 4 英寸，上面原来曾有支撑屋顶的双托架。柱子上的许多凹凸线条只有用旋床才能加工，而它的最大直径达 13 英寸多，加工时肯定很困难。西北角的大厅里只挖到一根木柱子（图 131 左侧和图 132），做工与前一根同样考究，但没有那么高大。这个大厅长 46 英尺，宽 27 英尺，靠北墙有一个宽 4 英尺、高 21 英寸的坐炕，残留的墙壁上还保存着 6 英寸多厚的灰泥墙面。其他那些房屋的墙上，也许都曾涂过同样的灰泥，不过现在全已剥落了。毗邻院落 vi 的西北角上，墙上刷着高约 5 英尺的白灰，还可看出彩色图画的模样，其中能辨认出一幅身穿蓝袍的跪像。此外，那里还有些藏文字，但因过于模糊而无法辨读。

这片大建筑以北地区铺满了厩粪，我们从中发现了两间填满沙子的地下室。这两间地下室无门无窗，只能从上面进入，而地下室上面房屋的柱脚、墙根还勉强能看得出来。地下室的墙壁高 6.5 英尺，土坯筑成，墙面涂泥。这两间地下室中都有精制的火炉（图 133、134），表明它是冬季的住房。如同尼雅、喀达里克的民居一样，紧挨着炉子是一张可以坐卧的长台，是房中最暖和的地方。除此之外，房子里什么也没有了。和其他废墟中一样，这里也是只有火炉而没有

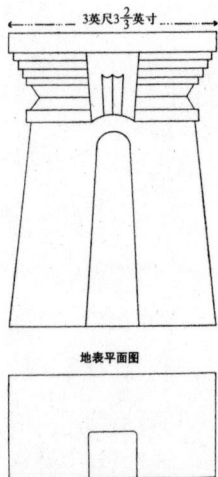

3 英尺 3⅔英寸

地表平面图

图 133 房间 E.Ⅷ 泥制火炉的立面图与地表平面图

200

烟筒，生起火来烟肯定少不了。看来，这里的人在其他方面很讲舒服，却不知为什么没有注意到这一点。

　　值得注意的是，安迪尔古堡建筑物中的梁木，以及院落、门户周围弃置的许多柱子、木头，大多是人工栽植的沙枣树，很少见到胡杨，就是说当建造城堡的时候，附近地区肯定已耕种了若干年。然而，我没见到多少死去的果树或园木；在唐代古堡北边

图 134　安迪尔遗址唐代
城堡 E.VIII 地下室内部

风蚀严重的地方，也就是更古老居民区的主要部分之所在，则根本见不到这类东西；唐堡南面，果园、庭院的痕迹也不太多，仅有的一些主要是在沿遗址西边的古河床左岸一带。我认为，见不到死树的树干只可能有两种原因：其一，古代居民点留下的枯木，在唐代这里又开始出现居民时被当作柴火烧掉了；其二，唐代古堡及居民区再次荒废之后，这个地方很可能曾长期是旁边商路上行人的歇脚之处，于是唐代植下的树木又化作了营火等。

第三节　唐代以前的遗存

蒋师爷和奈克·拉姆·辛格负责加紧发掘唐代堡垒内的建筑，我则抽空去考察北边、南边更远处的遗迹。亨廷顿教授和新从安迪尔塔里木找来的向导都曾谈起过它们。1901 年，我已注意到大窣堵波废墟东北约 1.5 英里之内，低沙包间立着许多不成形状的土丘。由于窣堵波周围地面曾遭严重风蚀，当时我曾以为那些土丘不过也是风蚀的"幸存者"，只从远处看了看，没时间去详细考察。

11 月 8 日，我探查了一些土丘，其中之一（图 135）就在窣堵波东南 40 码处，从它的情况就可以知道这些土丘究竟是怎么一回事了。这座小丘高达 15 英尺以上，乍一看，除风蚀的泥土外什么也没有，但经过非常认真的检查，在它的左边发现一座建筑，高约 8 英尺，可能是座小窣堵波的最后残余。根据周围地面被侵

图135 安迪尔遗址风蚀的见证，顶部有建筑遗迹

蚀的深度，也根据其土坯同样是3.5英寸厚，说这个小废墟属于
靓货逻居民点那个时代大致不会有错。

进入土丘群（见图135的背景），我很快就辨认出，它们原是
一个大型围寨的一部分，但现已半埋在沙丘间，被风蚀破坏几乎
辨认不出来了。看来，安迪尔当地的居民说得对，这些遗迹应该
称为城墙。经过详细考察，在一些地方发现了围墙的残迹，把它

图 136 安迪尔遗址古代围墙西北角

们连接起来可以大致确定围寨的范围。它是椭圆形，从北至西约540英尺，从南至东约340英尺。北面和西面的围墙看得最清楚。在西面，风蚀没能完全破坏掉围墙，留下许多残段，可连成长约440英尺的一条线（图136北段）。东面的残段很少，但一直伸到比其对面更南的地方。南面的围墙则完全看不见了。根据在东边楼兰、安西、桥子村等地对带围墙遗址风蚀效果的考察，我敢肯

图 137　安迪尔遗址古城墙东面

定说从此地的情况看，风及其所带的流沙主要是从东北方吹来的。

　　显然，风蚀首先破坏了外面的围墙，然后夷平了里面曾经有过的建筑物。围墙内东南角上还留着另一些高大墙壁的残迹，似乎原来还有过一道围墙，围着一片东西长约 170 英尺、南北宽 110 英尺的地域，但这究竟是像在 E.III 所见的大块建筑区还是某种要塞、堡垒之类，却是无从确认了。围墙内仅能见到的另一建筑遗迹是一座小院落，在东面围墙最高的残段旁，还剩下院墙的某些残余（图137）。其重要意义在于，这些东西之所以能保存下来，是因为后来覆盖上了一层结实的羊粪。当时，荒芜"古城"中某些较完整的房屋，也许成了放羊人的住所。围墙内其余没被沙丘埋没的地上，只有一些破碎的陶片，大多为黑色或深棕色。

围墙墙基可说是一座压实的土堤，厚30~35英尺，上面是一层层土坯和泥土。但是，围墙造得很不规则，或者曾经过多次修理，大多数地方一层土上只有一层土坯，但有的地方却有两三层，不少地方甚至没有土坯，只有一些不成形状的泥块。土坯基本上都是同样大小。这一点十分重要，因为在 E.VI、E.VII 以及下面将要说到的最南端处废墟中，土坯也都是同样的形制。而唐代古堡、建筑所用的土坯，外形却完全不一样。E.VI、E.VII 均已由题字所证明，属于唐以前的居民点。

由于各处风蚀程度不同，各段残墙与墙内撒满陶片的地面之间的相对高度，也有着很大的差异，从约 10 英尺到 26 英尺不等。北面围墙前高大的红柳包，以及墙内许多地方的大沙丘，使整个废墟蒙上一种神秘的气氛，而且这种气氛并不因光秃地面上的开阔地带而有所减轻。这个地方看来没什么可以发掘，不过没有理由怀疑这些废墟连同唐代古堡南边那些，全都是更为古老、属于玄奘发现已完全荒芜了的覩货逻故国之列。除了土坯的形制，墙壁的情况也提供了鲜明的证据。它们比唐代古堡的围墙更高大，遭到的破坏也更严重，这只能用早废弃了若干个世纪来解释。与此完全相符，围墙内的碎片也更为陈腐。

关于这个遗址的历史，现在已澄清了不少事实。由此看来，1901年考察过的那个大窣堵波废墟，还有它附近以及东北边那个围寨周围大量塔提遗迹，全都属于唐以前的一个时期。据亨廷顿教授和当地一些人的说法，大片塔提向北一直延展到很远的地方。但由于那个方向看不到任何建筑的遗迹，而且亨廷顿教授的经历也证实了当地人关于那边没有这类东西的传言，所以我也就用不着再往前走了。亨廷顿教授认为，北边那些塔提的荒废时间较早，但他拿不出证据。同时，严肃的考古学家也时刻不能忘记，由于风蚀作用，此类残迹是处于一种非常特殊的情况下，即各个不同时期的钱币、印章及其他一些可大致看出年代的东西，因风蚀而落到了同一层地面上，结果某件这类物品再也无法证实同一塔提的其他遗物不是属于更古老的时期，同时也不能排除那地方后来又曾被开发或居住的可能性。

在安迪尔遗址，从风蚀地面上曾捡到许许多多小物品，全是处于上述那种情况之中。在唐代古堡周围捡到的东西与窣堵波旁塔提和北边围墙内捡到的东西并不存在明显不同的特点，其中对于年代考证最有意义的当属钱币。这些钱币全是中国铜钱。唐代古堡及古堡、窣堵波之间捡到的大多为东汉以来的五铢钱，其中2枚形制有异，据中国钱币学家认为是公元5世纪刘宋时期的钱币，但也可能是早期发行的劣币。在窣堵波附近及其以北的塔提上，发现4枚五铢钱和一枚无铭文的钱币，即西汉的那种钱币。总的说来，它们与1901年发现的钱币没有什么不同。从根本没有唐代货币这一点看来，那座圆形古堡的使用时期恐怕不会太长。

塔提遗迹中还包括各种手工或轮制的普通陶器，以及许许多多玻璃和青铜器残片等。那些玻璃器皿的残片特别有意思，其中有些从修饰或技法看来，与纪元初期西方的古典制品有着明确无误的关联。另一件玻璃珠残块从工艺上看明显是由西亚输入。有一件东西需要说明，即在遗址的南端，由于有许多红柳包挡住了流沙，因此光秃的风蚀地面不多，在那里捡到一块带花饰的玻璃片。它是玻璃瓶的大块残片，上有纹线和沙底装饰，很像是公元1—4世纪的罗马产品，似从外地输入。这里的玻璃品比尼雅遗址多得多，这是一个显著的特征，不过对此还找不到恰当的解释。如前所述，安迪尔初次出现居民时，尼雅遗址尚未荒芜，这就使上述的不同更加值得注意了。

下面谈谈我所见的建筑遗迹。现在看来，它们大概是分布在遗址的最南边，其中最引人注意的是一座带围墙的营寨，面积不大但建筑的规模不小。安迪尔来的向导米赫曼称之为孤立的建筑。它坐落于窣堵波以南3英里处密集的红柳包之间，所以亨廷顿教授费了很大的劲才找到它，成为第一个见到它的西方人士。营寨为完整的方形，干打垒的土墙底宽8英尺，仅有南边一扇大门，门前有一个长方形的地堡（图138、139）。由于所处的位置，特别是由于周围紧靠着大红柳包（图138左侧）而挡住了风沙，围墙受到的破坏较少，许多地方仍有约18英尺的高度，墙外侧面还留有制墙（突厥语称作 sighiz）时留下的模印子。长约 3 英尺，高 2 英尺。与窣堵波附近那个带围墙的古代市镇一样，围墙也是一层土坯或泥块加一层夯实的泥土层筑成。从远处可以清楚地看出围墙上部的土坯层，但在能够近前的地方，墙表面的土坯都已腐坏，测不出精确尺寸。北面围墙和地堡的顶上还留有一点胸墙的残迹，

图 138　安迪尔遗址南端城堡，自南望

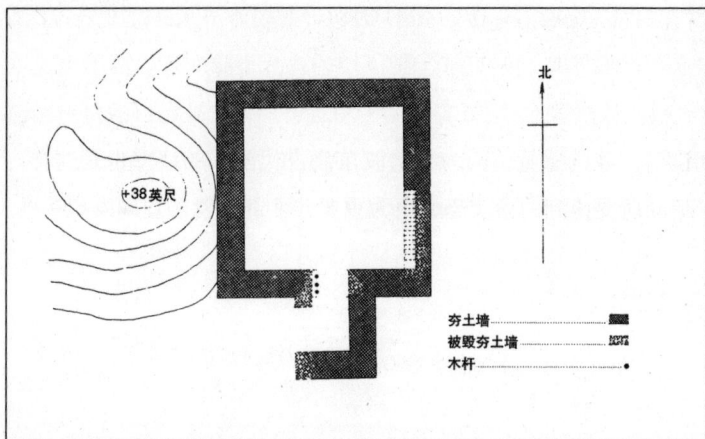

图 139 安迪尔遗址南面古堡遗迹平面图

胸墙厚 1 英尺，用土坯砌成。

　　寨内院落约 48 英尺见方，除背风的南墙下原封不动地堆着马粪和秸草外空无一物。沿着南墙，可见一道阶梯，从东南方通到墙顶。门洞里，三根傍着内门的胡杨木柱还直立在那里，高出原地面 8 英尺。清理掉门洞内的废渣之后，发现一些雕梁的碎块。经民丰来的人辨认，梁是用桑木和杨木制成，从而证实修筑这一小营寨时，当地有农耕存在。起初我就直觉地感到，这整个建筑坚固，很有古风。但这种感觉直到一年半以后才有了真凭实据。

当时，我在敦煌边界上考察到一个几乎同样形式的古堡（图 140、141），确认它正是汉代敦煌至罗布泊大路上的玉门关。

此外，上面提到过的建筑特点，如土坯层加泥土层等，同样也证实了我的感觉，因为窣堵波东北古代围寨的墙壁也是这样。但下面所要谈到的事实恐怕更为重要，那就是营寨周围发现一些严重颓毁的小房屋，所用土坯尺寸与古代居民点中那些可以考定

图 140　敦煌亭障"玉门"的古堡 T.XIV，自东北望

图 141 敦煌亭障"玉门"的古堡 T.XIV 及西墙上的门

年代的房屋完全一样。因此，尽管围墙相当完好，但不能由此就说是建造较晚。这一点从西墙旁边那个整整高出 20 英尺、顶上长满红柳的大沙包就看得更清楚。根据在塔克拉玛干南缘其他遗址的考察经验，除非这座废营寨（图 138）是唐代以前的，否则不可能有这高出原地平面 38 英尺的红柳包。要知道，只有在周围地区已经废芜成为沙漠之后，流沙才能开始堆积起来，而从防守的角度考虑，营寨不可能当初就建在已有的沙丘旁边。像现在这样，沙丘顶比寨墙高出 20 英尺，寨内一切尽在眼底的情况，就会损害营寨的安全。

综上所述，我认为这座小营寨是整个遗址中最古老的遗存之一，保存得比较完好则是因为在废弃以后，它的周围堆积起密密麻麻的沙丘，挡住了风沙的侵蚀。很可能早在唐朝时，这里就已开始了向目前这种自然条件的发展变化。从建筑特点来看，建立这座营寨是一个防御攻击的临时性措施，不像是为了长期驻军的目的。但这里是否如我猜想的那样，正好是汉代古商路通过安迪尔的地方，对此却找不到任何证据，只能权作推测而已。11 月 9 日初次见到这座营寨后，我返回设在唐代堡垒的营地时走的是一道洼地，种种迹象都表明它是条古河的河床。这条河床距营寨不出 1 英里，像是一条宽大河流的下游段，而那大河又是从科克吉格达乌格勒附近安迪尔河现在的河道分出来的。河道如今虽已干涸，但两岸仍生长着茂盛的胡杨、灌木和芦苇丛。唐代古堡以南，沿着古河床的左岸，在约 1 英里的距离内可以见到园林的枯木，看来当建造营寨时河床中尚有水流，但这里没有见到任何建筑的遗迹。

11 月 12 日，唐代古堡中最后一座房屋发掘完毕，于是我将营地迁回上游处的阔加布，迁营途中再次来到了上述南边的那座营寨，对它周围米赫曼所知的全部遗迹都进行了考察。遗迹不多，向南—南东方走出约 0.5 英里处，10~20 英尺高的红柳包群间隐藏着一座房屋的废墟，其中残留着两堵土坯加泥筑成的墙壁，高约 7 英尺，东西走向的一堵长约 8 英尺，另一堵稍长，与前者相距 26 英尺并呈直角，二墙之间的薄沙层下还可见到原地面的痕迹。残墙土坯尺寸与唐代古堡以南更古老的房屋相同。墙的构造也是一层土坯加一层夯实的泥土，与大窣堵波附近古代围寨和南边那座小营寨的围墙完全一样，只是这里的泥土层厚度不一，从 7 英寸到 12 英寸都有。北墙附近还有堵木头、篱笆条墙的痕迹。

西北约 0.25 英里处，一片风蚀的开阔地面上有一幢立于高台上的小房屋，其中只有一间小房子尚可辨认。它的墙壁以对角编织的芦席为内衬，现只剩下埋在流沙中约 3 英尺高的一段。上述两废墟中都没发现什么东西。米赫曼又带我向北走了约 0.25 英里，顺着一片小洼地来到一处地方，那里两座“坟山”的斜坡上散布着人骨。南边那座距顶点 6 英尺的地方，有一具破碎的骷髅，还有些其他骨头，附近有两个保存完好的陶罐，像是不久前被人从这里“发掘”出来。两个罐子都是用红黏土手工制成，样式与后来在喀拉墩挖到的类同。大的一个连长颈高 11 英寸，最粗处直径 8 英寸，口宽 4 英寸，罐身装饰着三道双线刻纹，中间夹着古朴的之字纹组成的菱形，罐颈刻有波浪纹。尽管很难确定其年代，但我觉得这样的图案肯定十分古老。另一个罐子就更普通了，它的高度和直径大约都是 7 英寸。

由此向西又走了约 5.5 英里，直到抵达安迪尔河边的库尔孜其牧场，再没遇到任何古代的遗存。一路上到处都是中等大小的红柳包，其高度在接近河道的地方明显变低。11 月 13 日，我们从库尔孓其出发，去察看河西米赫曼所知的一些遗迹，这样也就完成了这一带的考古工作。在营地西北0.5英里处，当年亨廷顿教授曾见过的古代水磨还在那里。水磨并不难找，有条不深的渠道或水渠可以引路，但这里剩下的东西不多，只有几根略经加工的胡杨木梁，以及一小段带槽的树干，过去曾被用来引水到转轮上。遗物的情况和干水渠的样子，都说明这个遗址不算很古老。

米赫曼说，别的遗迹他有20年没去过了，由于浓密的红柳丛林，寻找那些地方既费时又费力。在这片河边林地里，我们最先见到的是一条干沟。沟深约15英尺，宽约20英尺。据说，这条沟直通到库尔孓其上面，虽然弯弯曲曲，但大方向看得出来是向着西北。米赫曼告诉我，他曾顺着此沟一直到达比勒尔孔汗那边的废弃堡寨，而且他和其他当地人都肯定地说这条沟其实是一条水渠。最后，终于在约2.5英里以外找到了米赫曼所说的那些遗址，原来是一个红柳棚留下的残迹，被腐蚀得十分严重，清理后未发现任何足以确定年代的东西，但混在泥土地面中的麦草清楚地证明，当时这附近肯定有一些耕地。

第四节 安迪尔与靓货逻故国概况

放下河西这些不能确定时代的重要遗迹不谈，我这次考察和发掘已揭示出有关河东地区，即所谓安迪尔遗址的一些历史事实，现简单概述如下：从现存建筑遗迹来看，这个地方肯定曾两次被开发，第一个时期的明证就是 1901 年考察过的环形古堡南边发掘出的那些房屋废墟，以及古堡围墙下的残渣碎片。同属于这一时期的可能还有北边的大窣堵波、窣堵波旁的围墙，遗址南端古代房屋的遗迹和那座营寨。可以断定，这个时期一直延续到尼雅遗址被荒弃的时候，即公元 3 世纪末和公元 4 世纪初。属于第二个时期的则有环形古堡，环形古堡中有一座有公元 718 年题记的寺庙。这个时期的终结肯定是在唐朝还管辖着塔里木的时候（约公元 660—790 年），而且很可能是在公元 8 世纪初叶。这一次开发的时间很短，范围也很有限。

这里，我不想研讨与遗址两次荒弃有关的自然变迁问题，因为一方面它们与前述那些造成尼雅遗址荒弃的原因基本相同，另一方面则因为尽管有了亨廷顿教授的努力，但我仍觉得缺乏考古证据，无法断定这地方废弃时的具体情况。不过有两件事还是比较清楚，即从自然条件说，为什么古代这里曾有过很大的居民点，而现在的水源却已不足以支持它？那必定是因为气候逐渐干旱所致；而从历史资料来说，我们已有了玄奘的明确证词。公元 645年他从这里经过时，看到的是"国久空旷，城皆荒芜"。

如今，考古证据说明存在玄奘经过之前若干世纪即已荒废的一个居民点，不仅再次证实这位伟大取经者的地理记述十分准确，而且用无可辩驳的历史事实表明，长期荒废后的沙漠遗址有一天会被重新利用起来。然而，判定玄奘在"覩货逻故国"见到的"城"

就是安迪尔的废墟，还有更加广泛的历史意义，不过目前它还只能从反面说明一些问题。玄奘把这个荒弃居民点称作觊货逻，而古时候征服希腊—巴克特里亚王国的那些人也用过这个名称，中世纪伊斯兰地理、历史学家又曾用以指称吐火罗斯坦的巴达克山及其毗邻地区，这个事实已引起了学者们大量的推测和争论。

我的任务不是去探讨种种难题，如公元前2世纪从希腊人手里夺取巴克特利亚的吐火罗游牧部族的族源问题；又如他们与月氏的关系问题，以及他们是否就是被月氏在巴克特里亚征服的"大夏"；等等。这些问题都需要进一步研究，说不定需在巴克特里亚的土地上寻找到更多的资料后，才能很好地加以解决。同样，我也不想去考证不同时期中吐火罗的地域。自摩诃婆罗多以来，这个名称曾在梵文文献中出现，而且肯定就是斯特雷波、托勒密所说的古代 Tochri，也就是汉文记载中的觊货逻。但是，在吐火罗问题的讨论中，曾一再谈到玄奘所说的觊货逻故国，因为它好像证明了在征服巴克特里亚之前，吐火罗的故地就在这个地方。而这正是我要论述的问题，不过根据的是新获得的考古证据。

安迪尔的城墙等，也就是公元645年玄奘见到的那些废墟，很清楚地表明是荒废于公元3世纪或4世纪。因此，它的废弃与所谓吐火罗于玄奘造访之前约八个世纪从该地区迁往巴克特里亚毫无关系。这样一来，能否把玄奘所说的觊货逻故国解释成：这里就是玄奘先前已经到过并且叙述过的那些占有乌浒河中游广大地区的觊货逻人原来居住的地方，也就大成疑问了。

从玄奘使用的语句看来，他并没有说觇货逻就是这个地方的旧名称。相反，他在东返途中提到的另外两处故地，表明他说的地名其实是从向导和当地人那里听来的。东行六百里后，玄奘记述道："至折摩驮那国，即沮末地也。城郭岿然，人烟断绝。复此东北行千余里，至纳缚波故国，即楼兰地也。"这里说的两"国"，相当于今天的且末和罗布泊以南的罗布庄。关于这一点，后文还要说到。两处地方在谈到某某故国后，紧跟着的都是那里的古代名称，也就是《汉书》中所记的名称。

由此可见，玄奘称安迪尔为觇货逻故国并不是在引述古代资料，而是重复他所听说的当时名称。至于他没有提到其古称，说明他和我们一样，在汉文史籍中找不到有关安迪尔的记载。玄奘使用"故国"这种说法，很可能只想说明，和田与罗布泊之间这三个地方，已不再有自己的首领。不过，这个问题只有汉学家才能确切解答。但我能肯定的是，正如"折摩驮那""纳缚波"一样，"觇货逻"也是玄奘经过时正在使用的一个名称。

关于安迪尔遗址，没有其他什么历史资料，因此对玄奘听到的名称来源何在，实质如何，纯粹只能作些猜测。但在作了这一必要的保留之后，我在这里要提出一个假设。这个假设出自我个人的经验，而这种经验又是在与玄奘经过该地区时非常相似的情况下获得的。在塔里木盆地的各种遗址处，不管在当地有没有特定的名称，我经常听到人们用种种与过去的入侵者或统治者隐约相关的名称来称呼它们。这类名称通常有 Kalmak oilar 即卡尔梅克屋、Kōne-Khitai shahri 即汉人古城、Kōne-khitai tam 即汉人古墙等，就像在印度西北边区，无论什么时候的古代遗迹都被叫作 Kāfir-kōts 和 Kafir-kilas（Kafir 意为异教徒——译者）一样。中亚各地的民间历史传统都差不多，这类名称自然也就只能取自人们记忆犹新、最后统治那个地区的民族。那么，如果现代西方旅行者在沙漠边缘上打听某个遗址名称时，能够得到上述那样的回答，为什么玄奘把安迪尔称作覩货逻就不会是出于同样的原因呢？

根据中国史书和《宋云行纪》的记载，自公元 5 世纪中叶至约一个世纪后被西突厥灭亡为止，嚈哒曾统治着从波斯直到塔里木盆地的广大地区，其中也包括和田在内。众所周知，嚈哒的王城就在乌浒水上的吐火罗斯坦。当玄奘记述过去吐火罗国领土上巴克特利亚、巴达克山各路酋首时，他指的就是统治这里的嚈哒人及其后辈大月氏。此外，大月氏征服巴克特利亚之后，他们肯定与先前的入侵者吐火罗混在了一起。因此可以断言，早在《魏书》初次谈到覩货逻以前，当地就已把它们也称作吐火罗了。

由各种材料来看，古代吐火罗斯坦的统治者很可能曾把势力扩展到塔里木盆地，特别是当公元 3 世纪末叶中国力量衰落的时候。但这些并非本书的论题，这里只需指出，我从尼雅、楼兰遗址发掘出的汉文文书，多次谈到"大月氏"人，就是上述影响的直接证明。如前所述，安迪尔遗址较早的遗迹正与尼雅、楼兰遗址差不多属于相同时期。这样一来，当地传说中把它们与吐火罗联系在一起，就具有某种历史根据。即使把时间相符仅当作一种巧合，但玄奘曾听到有人把安迪尔河畔这些遗址叫作覩货逻却是千真万确的。在玄奘那个时候，人们还能记得的那些统治者中，最近的一个就是吐火罗（即嚈哒），因此无怪乎向导会把这个名称加到了遗址之上，而其真正的渊源却也许早就忘记了。

第四章

从且末到若羌

第一节　且末的早期记载

11 月 16—20 日，我们从安迪尔河旅行到且末，一共是六站路程，和玄奘记载的路程相同。自玄奘以来，这条路线只发生了些微小的变化。它几乎直通东北方向的且末。从昆仑山山脚开始，戈壁缓坡和高大沙脊向北蔓延，一直到达沙漠的边缘，那里分布着沙生植物，植物带宽窄不一，成为戈壁滩的北缘。经由安迪尔的路线，就紧靠着这片不毛戈壁北缘的植物区向东延伸，通向且末。到目前为止，还没有人对这些地方做过调查。

虽然对这些地方没有进行过直接的考古调查，但我深信，玄奘东去罗布淖尔时，对这些地方的印象很深刻，他的记载是可信的。从尼壤或尼雅"东行入大流沙，沙则流漫，聚散随风。人行无迹，遂多迷路。四远茫茫，莫知所指，是以往来者聚遗骸以记之。乏水草，多热风。风起则人畜昏迷，因以成病。时闻歌啸，或闻号哭。视听之间，恍然不知所至，由此屡有丧亡，盖鬼魅之所致也"。我们将看到，这里描述的事实和带有迷信色彩的传闻，马可·波罗在穿越罗布淖尔与沙州之间的大漠时也有所见闻。无疑，玄奘的评论按道理应该普遍适用于他从尼雅到罗布，然后到沙州或敦煌途中所见到的沙漠道路。

玄奘之后不久，《唐书》关于沙州到和田道里的记载中，简洁地记载了这条路线。沙畹先生对这段记载作了摘译，告诉我们，出"播仙镇，故且末城也"，我们现在知道，那就是现在的且末。"又西经悉利支井、袄井、勿遮水，五百里至于阗东兰城守捉。"通过后一句话，我们可以假设兰城应是于阗的东境，这样所载的距离将证明，"兰城守捉"就是安迪尔遗址的唐代戍堡。1901年我调查过这个遗址。这段话还提到且末以西起驿站作用的井，表明今且末和安迪尔遗址之间，所经之地在中原王朝确立控制权以后，还依然没有固定的住所。但和现在一样，每隔一定距离就挖有供水用的井。在没有直接证据的情况下，靠估算距离来推测唐代道里中所载各站的位置毫无用处。无论如何，有一点是清楚的，那就是勿遮水要么就是喀拉米兰河，要么就是莫勒恰河。这两条河除夏季洪水期外都是干涸的。它们分别从歇脚地钦格里克和苏丹乌格勒附近经过。

马可·波罗对这条路线的描述比玄奘多少要详尽些，且更清楚地说出了其主要阶段的特征。在关于且末省的记述中，他告诉我们："全省多沙，自培因起，一路如此。所见之水，大多苦涩。但某些地方的确可以找到淡水。当有军队到来，人们即带妻携子，领着家畜，逃入两三天行程远的荒漠之中。他们知道那里有水可以饮用，足可生活，饲养家畜，却不可能为敌人所发现，因为疾风无时无刻不在吹动着流沙，所有踪迹转瞬之间便为流沙所覆盖。"

很容易想到这里说的就是民丰至且末绿洲道路上的情况，这条道路现在仍在使用。鉴于只在亚通古孜和安迪尔河可以获得淡水，除此以外的井水则都有咸味，有些地方的井水根本不能饮用，加上夏季的酷热，那时繁殖起来的蚊子和刮起的布冷风或沙暴引起的严重危险，直通沙漠的路线在 5 —9 月间实际上被关闭了。但在比勒克里克和西珠特克湖附近，以及在安迪尔河以东两天路程远的地方，有大片的河流尾闾林带和广阔的沙生丛林，它们将在那个季节为牧羊人家及其牛羊提供安全保障，这同样是肯定的。

出于对旅行安排和考古遗迹两方面原因的考虑，我只在且末忙了两天，即 11 月 21 —22 日，然而这块繁荣的小绿洲所具有的地理和古物学方面的意义却令我大感兴趣。我在途中就已得到消息说，且末已不再像约 30 年前所描写的那样，只有一些简陋得可怜的小屋，而是一个正在稳定发展中的绿洲。在发生叛乱之前，那里只是中国用来关押和田犯人的地方。现在已从一个可怖的流放地，逐渐发展到与民丰一样大的充满活力的绿洲。这里我简述一下对当地有关方面所做的快速调查，它们对且末的历史具有显然的意义。

虽然我在且末停留的时间很短暂，但对那里优越的自然条件深有感触，它为大聚落的发展提供了便利条件。其中最主要的是车尔臣河丰富的供水。这条河汇集了昆仑山系最外面山脉以南一系列雪山的融水，因此水量很大，在发源于和田河以东山脉的各河中，只此一条能够在所有季节横穿沙漠，汇入塔里木河。我调查过的所有人都认为，这个地区的灌溉能力，足可满足比于田还大的绿洲。对这一点，我在穿过绿洲中的河流时，亲眼看到了明证。我发现这里的河床足有半英里宽，尽管是在季末，河流中仍有五六条宽10~20码的河道保持着很大的水量。它的流量确实远远超过玉龙喀什或和田河。1900年10月和11月，我到过玉龙喀什河，见过那里的流量。

河流两岸有大量的可耕地，超过任何拓殖规划所要求的数量。现在绿洲以北有大片生长着芦苇和矮树的大草地，相当肥沃，是潜在的可耕地。除此以外，几年的系统化灌溉将足以又在绿洲以南宽广的细戈壁上，沉积下一层肥沃的河岸黄土，那里的塔提表明存在着广泛的古居址。除了新的移民，什么都不缺。且末的土地主巴依正渴望着大批的移民。从和田那边经常有劳动力流入过来，但速度很慢。漫长的沙漠道路显然是一个制约因素。由于没有采取任何减轻贫穷耕者困难的措施，大批因种种原因迫于官方压力而过来的移民，又逃回到他们住在西边人口更集中地方的亲戚那里去。那里对劳力的需求仍然很大，足以保证即使是最贫穷的人也很容易生存。

且末到最近的重要定居点的距离，比塔里木盆地内任何其他绿洲间的距离都远。这个地理事实和经济条件说明，在这里建立聚落就必须克服这些特别的困难，尽管有灌溉之便。同时，且末位于民丰和罗布小耕作区的中间，这个地理位置足以保证该绿洲在大漠南道交通畅通的任何时候都有很重要的地位。这些原因总是在交互起作用，我认为从中我们可以找到关于如下事实的最好解释：关于新疆大漠南缘沿线隔绝着的聚落在不同时期遭受到的那些波折，且末的历史作出了清楚的说明。且末的历史表明，农业的开发总是与废弃成沙漠反复交替，这肯定对地理和历史研究者很有意义。有日期的可靠记载完全证明了它的可信性，而且考虑到前面提到的有关车尔臣河供水的事实，更不能简单地将其归结为干旱所致自然变迁的唯一作用。

最早记载今且末的是《汉书》，称之为且末，位于从鄯善或罗布淖尔西去的大道上。位于鄯善以西720里，这个距离和方向表明且末即今且末这个认识是正确的。同样证明且末即今且末的还有下面这段话：尼雅河畔的精绝国，位于且末以西，虽然距离被非常夸张地写成2 000里。且末，都且末城，为一小"国"，书中写道：

户二百三十，口千六百一十，胜兵三百二十人。辅国侯、左右将、驿长各一人。西北至都护治所二千二百五十八里，北接尉犁，南至小宛可三日行。有蒲陶诸果。西通精绝二千里。

　　尉犁即乌垒，是指策大雅附近地区，在库尔勒和库车之间塔里木北大道上，为西汉治下西域都护府的府治。根据我们的测量，这里记载的方向很精确。至于更小的小宛国或小宛，它位于且末以南三日行程，《西域传》接下来的一段话对其进行了简要说明。可以肯定，它一定相当于今且末南和西南昆仑山山脚一带种地人和牧民的小聚落，介于阿羌到莫勒恰河与安迪尔河的出口处之间。从所述距离判断，此国的都城即扞零城，正如赫尔曼博士所提出的，可能位于达来库尔干。所载小宛的人口是 150 户，这表明此山区资源不多。书中接着简单地写道，小宛国"不当道"，东与游牧的若羌接壤。若羌居阿尔金山以南的高原，包括柴达木。

　　《后汉书》简略地提到且末同样位于鄯善和精绝之间，也在从玉门通往和田的南大道上。《魏略》提到它与小宛、精绝等国并属鄯善。这些记载都没有提供详细情况，汉唐间的正史中似乎也没有以别的方式特别记载今且末的情况。

　　但是我们有可靠的直接证据。从尼雅遗址出土的汉语木简表明，且末直到公元 3 世纪末还有人居住，且可能是一个单独的首府。这件木简提到献给来自且末的王妃的一件礼品。同一遗址出土的一件佉卢文木简中，提到一个叫卡尔马丹那的地方。我们有理由相信，它指的就是且末。该文书写道：从卡尔马丹那派一使者，经舍凯、尼那（即尼雅），前去和丹那，即和田。这个理由就

是，玄奘所说的折摩驮那，可能就是以全称形式从卡尔马丹那这
个地名转写而来。

稍晚的《水经注》提供了有关这个地区及其河流的地理情况，
沙畹先生对其作了摘译，使我们可以利用这些资料。该注的作者
郦道元逝于公元 527 年，但各种观察证明，他有关塔里木盆地的
注释主要是以早期的材料为基础。我们将有机会进一步考虑他关
于塔里木河最下游河道和罗布淖尔沼泽的叙述。讲述完车尔臣河
道及其与塔里木河交汇之后，该注使我们了解到，该河"又东径
且末国北，又东右会阿耨达大水（即车尔臣河）。《释氏西域记》曰：
'阿耨达山西北有大水，北流注牢兰海（罗布淖尔）者也。'其水北流，
径且末南山，又北径且末城西"。然后对后者作了一些注释，显然
是以《汉书·西域传》为基础，如果不是直接从其抄录下来的话。
"（且末）国治且末城，西通精绝二千里，东去鄯善七百二十里。
种五谷，其俗略与汉同。"

该注进一步对阿耨达水的河道总结道：

　　又曰且末河，东北流。径且末北，又流而左会南河（即汇入
塔里木河的和田河）。（两河）会流东逝，通为注滨河。注滨河又
东径鄯善国北。

这位中国注释家描述的车尔臣河主要地理事实是多么准确。
它从今且末以南穿过昆仑山的最北部山脉而出，向东流的河道名

叫阿耨达。它的河道从河流出口流过且末绿洲，接着向东北方向偏转，这些都与所载完全相同。它与塔里木河汇合后向东而去，最后消失于罗布淖尔的喀拉库顺湖，这也同样完全一致。这些精确细节，使我们完全有理由推测其所说的该河经且末城西也是正确的，尽管它的河道现在是从今天的绿洲通过。我们现在就来谈这一点。

对且末的记载更详细一些的是宋云的游记。佛僧宋云于公元519年途经这里，他从中国内地沿南道来到和田：

> 从鄯善西行一千六百四十里，至左末城。城中居民可有百家，土地无雨，决水种麦，不知用牛，耒耜而田。城中图佛与菩萨，乃无胡貌。访古老云，是吕光伐胡所作。

宋云的记载很重要，因为它表明那时今且末已成为一个具有一定规模的绿洲。他描述的原始农业生产情况，表明这里居民所处的文明程度远比尼雅遗址的人们落后两个多世纪。之所以会出现这种情况，解释可能就在宋云前面的叙述之中：邻邦鄯善或罗布地区被吐谷浑征服并实际占领。我们知道，吐谷浑是些起源难以确定的游牧部落，在宋云时期及其以后数世纪，他们占有可可淖尔以西的高原。宋云访问时这个吐谷浑很有可能已经征服了今且末。因为《北史》明确提到，鄯善和且末在吐谷浑夸吕王统治时期都为吐谷浑所控制。第一次提到夸吕王是在公元540年。

宋云提到，且末的圣像据推测起源于吕光伐胡，这也具有历史意义。因为它表明吕光于公元384年西征塔里木盆地时，并非仅限于临时征伐焉耆和库车。它还明确表明了中国早期对塔里木盆地地区的影响，那就是塔里木盆地的佛教雕塑上一定运用了中国艺术，以取代中亚佛教艺术东渐的强大影响。需要指出的是，《宋云行纪》记载鄯善和且末间的距离是1 640里，这显然被极大夸张了，而后面计算从且末至捍䍠为1 275里，又明显太少。捍䍠相当于玄奘所说的媲摩。但是，如沙畹先生所及时强调的，对宋云距离估算上的这些以及其他严重错误不必感到惊奇——如果考虑到他的行纪中可疑的解释的话。

玄奘于宋云后125年走上了同一条路，但方向刚好相反。他也给我们留下了有关今且末的记载。离开觐货逻故国后，他"东行六百余里，至折摩驮那故国，即沮末地也。城郭岿然，人烟断绝"。我们已经知道，觐货逻故国一定位于安迪尔。现版《西域记》将"且末"写成"涅末"，只是一个书写错误而已，这已由从这位僧人的《传记》中发现的正确形式所清楚证明。他所说的折摩驮那可能是对当时土语中该名的音译，尼雅出土佉卢文木简上的佉卢文中，将该名写作"卡尔马丹那"，这一点先前已经说过。

玄奘证明，他访问且末时，且末已被废弃，这一点特别重要，因为他过后约15年，唐朝重新恢复了对西域的治理，在《唐书》中，且末重又成为一个镇守之地。沙畹先生对《唐书》关于从鄯善至和田一带的记载作过摘译，他告诉我们，从罗布淖尔以南的鄯善西行，经几站后，"渡且末河，五百里至播仙镇，故且末地也。高宗上元中更名"。据《唐书》记载，公元706—708年间的某个时候，西突厥的一位首领沿南道向沙州撤退，有一位唐朝官员与他相会于且末。从此可以推断，公元8世纪初，且末实际上已有人居住。这段记载说到了播仙镇，它证实了更名的时间。的确，《唐书》已经提到，大约公元640年，且末是西突厥的许多领地之一。记载中的那一串地名似乎是正式的，虽然其中提到了且末，但并不表明像玄奘这样的目击者的记载会是不可信的。玄奘在公元640年以后几年路过且末，他发现这座城完全被废弃了。

关于且末的进一步记载，可见马可·波罗的记述。马可·波罗约于公元1273—1274年从和田到罗布，然后来到中国内地，途中他经过了且末。他所述从培因省到且末的路，包括现在的策勒、克里雅和尼雅（今民丰——译者）县。他告诉我们，且末"是大突厥的一个州，位于东北和东之间。人民崇拜穆罕默德。那里有许多城镇与村庄，都城的名称也叫且末。该省有河，河中有碧玉和玉髓，人们将其带到中国内地去销售，因为在那里可以卖得大价钱。全省多沙"。显然，马可·波罗一定见到过这片绿洲，这片绿洲当时相当富庶，而且很难不与频繁的交通联系起来。提到的"碧玉和玉髓"，说的正是培因省的情况，这主要是指玉，玉石在车尔臣河带来的粗石中间，在所有通过昆仑山最北山脉注入塔里木盆地的大河的河床中都有发现。但是，这里存在真玉和玉髓，这一点也被显然属于新石器时代的这种材料的加工品所证实。我在罗布沙漠的侵蚀地上捡到大量这种东西，而这种材料肯定源自昆仑山。

　　沙鲁克的特使似乎没有提到且末，他于公元1422年沿沙漠道路从沙州旅行至和田，这是我们所掌握记载中的倒数第二次旅行。公元16世纪，米尔扎·海达尔知道且末这个名称，它有两种不同的形式：Chārchān 和 Jurjān，名称所代表的地方，就在塔里木盆地最南或最东南部那个地区。但他将且末与遥远的罗布卡塔克和沙里格维吾尔荒漠联系起来，他还谈到和田以东地区全是沙漠，"除流沙、不能通过的丛林、荒地和盐滩外，一无所有"，以此观之，我认为，在他所处的时代，那里似乎不像存在一片重要的绿洲。可能当公元14世纪进入明代以后，中亚与大明帝国停止了自由交往，因而且末作为连接最西部甘肃与和田的漫长沙漠道上一个重要歇脚地的主要理由已不复存在，且末的耕种便迅速衰退了。我们知道，本尼迪克特·戈斯公元1604年在（今莎车县）作长期停留以后，不得不选择经阿克苏、吐鲁番、哈密这样一条迂回的路线前往中国内地，尽管他以前访问过和田。那时偶尔也有几支商队前往中国内地，走的就是这样一种路线。显然，从和田经罗布淖尔至沙州这条直接而短得多的路线，那时已被新疆与中国内地之间继续开展的贸易所完全中止了。这里还要顺便提一下，大约公元1550年，拉缪西欧在威尼斯听波斯商人哈吉穆哈默德非常精确地讲过，他有一次到沙州和甘州作贸易旅行，而见闻广博的哈吉穆哈默德却只知道从中国内地经哈密、吐鲁番、喀什噶尔等地的北道。

从对且末的调查来看，我以为似乎可以肯定到18世纪末，那里的耕种已完全不见了，也可能在此之前很久就不见了。只有在最后一个世纪的头三分之一世纪以后，中国才再一次将且末设立为一个小流放地。新聚落的发展开始似乎是缓慢的，最初的移民主要是些囚犯，他们惯于游走迁徙，因而不利于有序的发展。当地发生叛乱时的混乱环境，使西边大绿洲的人口减少，从而使且末长年丧失了吸引新移民者的任何机会。但是，随着中国优良管理制度的建立和该地区总体经济条件的改善，重新开始扩充的高潮稳步形成。且末便利的条件，有助于将剩余的劳力吸引到东南面阿尔金山山坡上去开采金矿。反过来，由此形成的确保其剩余产品销售的市场，又使绿洲大大受益。在我访问之前约8年，由于通往敦煌和甘肃的古沙漠道又重新成为商路，且末的贸易地位被大大提高。我调查到的所有当地情况都证明了这一点。在我调查过的人中，有四个是来自巴伽尔的帕坦商人，他们富有开创精神。他们发现，且末正是他们从和田到吐鲁番和敦煌冒险的一个便利的中继站和基地。这是这片古老绿洲充满活力的一个鲜明例证，在其坎坷命运的最后一次衰退之后，它有力地表现出了自己强大的生命力。

第二节　且末周围的古遗迹

　　且末早期的拓居地遗址和遗物主要分布在车尔臣河左岸现代绿洲南和西南面的大片地区。但当我最初从西面走近绿洲时，就碰到了古代的居住遗迹。那里延展着一片裸露的萨依，即石头和石子构成的沙漠或戈壁。当时我们正在这片萨依中跋涉，离现在耕地的西缘尚有将近3英里，一条向北延伸、隆起很高的渠堤引起了我的注意。尽管它的名称叫作英吾斯塘（意为新渠——译者），而且沿线生长着红柳灌木丛，但有证据表明它很古老，那就是渠底比附近的地面高出几英尺。现在人们称之为新渠，我从当地人那里获悉，这个名称以及这些再生的植物，都源于大约20年前木沙伯克在这里所做的努力。木沙伯克是一位富有创业精神的地方官，20年前他试图重新启用一条古代灌溉渠道，以便在现在绿洲的下面建立一个新的垦区。多年来河水任意流泄，所经之地长出了幼小的红柳。不久，虽然渠道修复了，肥沃的土地得到了灌溉，但由于没有足够的劳力，保证耕作的努力还是失败了。这是一个很好的例子，说明曾一直伴随着新疆最孤独绿洲命运的主要困难，是缺乏劳力。

　　从渠道的交汇处向东北走约1英里，我看到一堵仍然耸立着的废弃土坯墙垣。墙长约50英尺，比侵蚀地面高约11英尺。附近散布着看上去很古老却很精美的陶片。我只知道这个废墟叫作塔木（即墙），尚不能确定它的本来性质。由此处越过裸露的萨依，继续向绿洲西南前行，见到一座土墩，叫作喀拉哈克墩。这座土墩已是千疮百孔，不高，直径约40英尺；周围散布着人骨，可能是一处墓地。看着碎石之间插着的层层树枝，我不禁想起1901年在固勒合玛附近考察过的那个叫作吐夏墩的土墩。

从那往东不出半英里，紧靠耕地边缘，就到了广阔塔提的北部。且末的人们普遍称它为阔那协亥尔（意为古城——译者）。它的北缘有一些无名死者的坟墓，称为雅尔乎孜突格麻扎（荒凉的亚克塔依尔寺）。在麻扎以南约0.25英里，我找到一些用泥和土坯砌成的墙基遗迹。它们都已被"寻宝人"凿通。土坯一般长约20英寸，宽约10英寸，厚约3.5英寸。除此之外，这个遗址看上去就像通常的塔提。在被侵蚀的河边黄土地上，散布着大量粗质的陶片。黄土台地伸向很远的地方，一直通到塔提的东部。这个地区的风蚀作用使原来的地平面大大降低，黄土台地之所以能够保存下来，完全是得益于潮湿的保护，因为有一条河道从这里流到绿洲的新灌溉区。黄土台地的顶上，同样散布着陶片。

塔提的北部和东北部，最近平整出一些耕地。它证实了当地人所言：阔那协亥尔有许多地区又逐渐成为向南延伸的绿洲的一部分，成为耕地。戈厄纳发现这个建筑遗迹时，其特征与我所见没什么不同，但那时规模显然要大一些。1893年他考察过且末，并第一次提到了且末阔那协亥尔。他倾向于认为阔那协亥尔就是马可·波罗所说的且末，而老且末遗址则可能在遥远的北方塔塔朗。他之所以得出这种观点，是因为他认为车尔臣河道曾发生过一次大的变迁，而我实际考察时却未获任何结果。地理上的理由表明，历史时期最好的耕种区，一定位于现在的绿洲及其附近。至于阔那协亥尔最后的居住年代，由于缺乏可资断代的文物，不可能得出任何明确的判断。正如不可能猜测现在重新成为灌溉区的地下，到底埋藏着多少古且末和马可·波罗时且末的遗迹。

应该注意的是，根据树林和其他现象所证实的当地情况，现存绿洲最古老的部分，就是阿拉尔奇"玛哈拉"（意为住地——译者），它位于主河床的右岸。在它的东边，有另一条小河床，叫作阔那达里雅（意为古河——译者），夏天时仍有洪水注入。由此观之，这片绿洲真是名副其实的"岛乡"。如果我们假定古且末的主要居住地位于阿拉尔奇，那么就能说明郦道元《水经注》中的那句话：车尔臣河"径且末城西"。换言之，可以推测，灌溉现在绿洲西部、紧靠阔那协亥尔的那条老河，是一条较早的主河床。且末坐落在冲积扇的北端。由于冲积扇坡度平缓一致，因此河床变得又宽又浅，以至于在这最近的 1 500 年发生了如此巨大的变迁，都未能对灌溉区的位置产生严重的影响。

由于阔那协亥尔一带离居民区很近，而且以前不断有人在那因风蚀而暴露在外的小文物中"寻宝"，所以在那里几乎不可能找到任何有考古学意义的遗物。不过村民们经常从那儿发现一些石珠、玻璃珠以及青铜和黄铜饰品残块。我也在短暂停留间就轻易获得了一种很典型的小件古物。这些小文物总的特征，与从和田附近塔提获得的那些基本上相似。目前还没有一件可以推断出确切的年代。但我还是注意到，有一颗红玉髓珠上的镶嵌图案很罕见，那是约特干的遗物中所具有的一种特征。在村民们交给我的那些遗物中，没有中国钱币，我感到大为遗憾。但告诉我情况的人说，这种遗物很罕见，因为所有建筑遗迹都已因"寻宝"而被毁坏了。我在更远一些的塔提中找到一些文物，它们之中也没有完整的钱币，只有极小的残片，保存下来的边是方的。我倾向于认为，这些钱币之所以被毁坏得如此厉害，是地面上强大的风蚀作用所致。在其他地方的这类遗址中，这种情况很常见。事实上，这些地区全是流沙，且大部分地方已被风蚀成了光秃秃的碎石层。

11月22日，沙依甫乌拉带我到现在绿洲西南去访问更远的塔提，他是一个当地"寻宝人"。从雅尔乎孜突格麻扎出来，我们最初沿着一条古渠道走了约1.75英里，发现这条古渠仍然清晰可辨，古渠道的源头就是木沙伯克重修的英吾斯塘。阔那协亥尔遗址的陶片一直延续到大约这个距离的一半或更短些，英吾斯塘的渠堤就耸立在绝对赤裸的碎石平地之上。碎石地从大约在雅尔乎孜突格西南3英里的一条渠道，一直延伸到我们的目的地，即一马平川的宽阔的塔提区。又走了约2.5英里，我们到达更远的一条河的河岸。这条河实际上只是一条浅拗陷带，是阿亚克塔尔河的一条河床。沙依甫乌拉称这个塔提为兰亚依干塔提（进餐的塔提）。它的解释，还有一个精彩的故事。

　　这个地区地表一律是锋利的碎石，很平坦，只偶尔隆起一条很高的沙脊。不过，这些沙脊看上去好像是同等强度的风力扫荡和摩擦出来的。这里散布着大量陶片，但普遍很细小，且表面被风化，这也证实了上述侵蚀力非常强烈。大多数陶片的器表呈黑褐色、黑色或深红色。它们有的是手制，有的是轮制。在这个塔提中，最显眼的标志就是一个土台，它由纯粹的河边黄土构成。台长约18码，耸立于萨依地面上，高度不低于33英尺。它的斜坡非常陡峭，基部及斜面上的所有平台上，大量散布着陶片。我以为，由此可以断定，此土台的高度标志着风蚀的程度。在这里地面高度因风蚀而降低了，而古代居住期的文物却逐渐暴露并堆积起来。在这个土台陡峭的侧壁上，我既没有发现明显的地层，也没有看到其中夹杂有陶片。这表明这个黄土台的形成，主要是因为风力的增强，风蚀作用将其周围地面高度减低，从而使其显得突出起来，形成一个如今见到的这种土台，这个形成过程肯定在人类活动在这个地区开始以前就已完成。

　　我们有理由推测，这个地区得到过一条始于车尔臣河的渠道的灌溉，但阿亚克塔尔河的洪水也可能被用来作为补充。据说山上暴雨过后，洪水仍偶尔光顾到塔提。从略微倾斜的冲积扇地形判断，车尔臣河的水仍可毫无困难地到达这里。我在和田及库车附近见到过类似的情况。由此看来，早已变成细砾石地的所有这些塔提上的土地通过足够的灌溉，都有被迅速改善和用来耕种的可能。因为风力作用极大加速了这个地区内由灌溉而引起的各处淤泥的堆积过程，即在潮湿的土地上和在所有得到植物保护的地方的细尘埃的积聚。每年的大部分时间里，这种尘埃是那样多地弥漫在塔里木盆地的空气之中。但是，由于有数千亩可利用的肥沃的土地地势较低且靠近河流，更新耕种不大可能采用这种方式。

接着，我向北走了约 2.5 英里，来到拉鲁里克塔提。这个塔提有较多黄土形成的小土台，其他特征与前者相同。它接近现在的绿洲，1 英里多的地面上覆盖着陶片。附近的第三个塔提区叫作阔亚格开特买，由于时间关系我不得不终止访问。而据我已见过的那些来分析，足可肯定这些塔提中没有一个值得我去开展系统的考古工作。我也没有能够从它们的小遗物中，成功地发现任何足以确定其年代的东西。无论如何，当南面曾耕种过的地方完全变成山前戈壁时，靠近现在绿洲的阔那协亥尔塔提由于风蚀作用，埋于地下的各类遗物也开始暴露出来，散布在受到风蚀的黄土地上，这个事实使我们可以对这些遗址的相对年代作出某种估计。这里侵蚀过程还在继续，且将延续下去，直到向南推进的这片新的原野侵吞掉整个地区。拉鲁里克地区，连同它为数众多的小黄土堤，可能代表一个中间阶段。总之，不管这三个塔提废弃的时间是何时，它们所在的位置足以证明古且末就在现在的绿洲及其附近。

第三节　车尔臣河道与瓦石峡

在且末的调查，除上述遗址外，还在从且末通往若羌的路边见到一些简单的废墟，此外就再无发现了。我急于尽早赶到下一个地方去，便于11月23日满怀着希望离开了且末。我知道亨廷顿教授在东部沙漠做过仔细调查，却没有发现任何较早的居址遗迹。在河边走不多远就可见到一些小湖泊或沼泽。我们沿着河右岸前进，共走了五站路程。到伊斯买尔，见一所房子里有人，问他，他说他原来住在塔塔朗，一边狩猎，一边种地。我让他做我的向导，马上就发现他很可靠。在他的帮助下，我很快就在车尔臣下游这个唯一无人居住的地方，在这条通往若羌的路旁，找到了报道过的那个遗址，并探访了那里。塔塔朗位于河对岸那边，因此我没有前去参观。但从伊斯买尔得到的情况和在且末被证实的那些情况来看，阻碍小居址发展的不是缺乏水源或适于耕作的土地，而主要是因为没有足够的劳力，难以在春夏洪水期维持渠道的水源地处在适当的位置上。事实上，河中的流水即使在冬季也还很深而且湍急，以至于在与河床相连的大部分地方，连徒步涉行都感困难。

11月25日，我从肖尔库勒乌格勒牧羊人的小屋附近越过河的左岸，前去考察一个废弃的小建筑。我只知道这个小建筑物的名称叫作梯木（即塔），位于塔塔朗下游约 11 英里。赫定博士简单地将它归为老炮台废墟。这个梯木距河岸仅约 100 码，是一所建筑废墟。废墟看似是方形，用土坯和夯土筑成，比较结实。废墟西南面保存得最好，长 11 英尺；东北面破坏严重，残存的土坯结构宽约 7 英尺。废墟总高度也是约 7 英尺，但因它砌在一个小土墩上，土墩的顶部本已高出一般地面 4 英尺。该废墟很可能是一座小窣堵波最下面的底座，大尺寸的土坯和其特殊的构筑方式，表明它很古老。土坯都制作得很好，规则地砌成单层；每两层之间隔着一层坚硬的夯土层，夯层高约 8 英寸。土坯构造与在安迪尔遗址早期居址废墟中发现的极其相似，并且具有相同的古老特征。

废墟附近没有见到陶片或其他古遗迹。但是毫不奇怪，河流附近的地面很潮湿，不够坚固的建筑很难幸免于腐蚀，而小陶片则被河边的黄土所覆盖。废墟的主要意义在于，它证明了在佛教时代，紧靠着现代河道之处存在着居址，以及由此证明这样的推论：车尔臣河道在它的主方向上，比那许多干河床和一连串的小湖池的变迁少。这种小湖池在塔塔朗下游的任何一边都能碰到，并可以引导人们作其他猜测。我在附近注意到一个小灌溉渠道工程，根据伊斯买尔提供的消息，它可以追溯到约 15 年前。那时人们从塔塔朗迁移到这儿来进行耕种，但几年后，由于硝尔即土地盐碱度的增大而废弃了。

伊斯买尔第二天带我去看的遗迹，虽然明显是晚期的，但很奇特，乍看起来颇令人费解。从我们设在穷库勒的营地出发，经过一片长着芦苇的沼泽，然后穿过河边灌木丛林的富盐地带，来到雅尔乎孜墩。从"荒凉的小丘"，即红柳包的沙脊上，我看到三处彼此分开的小建筑遗迹。它们都位于小丘的顶部，彼此相距30~40码。它们的墙呈长方形，用非常软的土坯砌成。土坯块中夹有大量麦草。保存得最好显然也是最大的那处建筑物，长20英尺，宽13英尺，墙高出地面只有几英尺。虽然红柳阻挡了流沙，从而提供了一部分保护，但它们没有一处显示出曾有过任何上一层建筑遗迹。这些小丘高于地面约30英尺，小丘的坡上散落着一些做工拙劣的大块胡杨木料，伊斯买尔认为它们是棺材之类的东西。但是，它们最初到底做什么用，我没有办法弄清。要说明这些墙的构造及其性质实属不易。想到它们依然存在，就想到它们的年代不会很久远，尽管土坯块已变得很脆弱。

这个问题还没有解决。伊斯买尔又领我到东北约1.5英里的沼泽地对面发现了另一组长方形小建筑，这组建筑的质材和外形与第一组极为相近。它们居于一条低矮的隆脊上，隆脊就在一条老灌溉渠道的旁边。同样，这里的墙也是用软土坯砌成，高只有2~4英尺，也没有发现曾有过上一层建筑的迹象。此墙以北不远，死胡杨林标出一道清晰的洼地线来，无疑是一条老河床。排列成行的死树干使渠道变得较易辨别。沿这条渠道向东走约0.75英里，伊斯买尔带我来到一组重要的古墙边。他叫这组古墙为阔那塔木里克，把整个遗址也叫作这个名称。在这里我看到一排长方形围墙，围墙以同样的土坯构筑，但保存得更好一些，沿一条低矮的隆脊的顶部，从东向西伸展在那里，没有什么特别之处。它们都相互分开，而且尺寸差别很大。最大的位于中央，长接近 50 英尺，宽 42 英尺，高只有约 4 英尺。但在一边，每一堵墙都有一条稍高于其余部分的狭窄的弧形门道，也有一条明显的墙脊。后者意味着从未有过上一层建筑。

至此对这些奇特的废墟的正确解释，便很快自行显露了出来。一切都使人想起在塔里木盆地更西部的伊斯兰墓地中常见的那种围墙，而且这种推测立即就在隆脊东北附近得到了证实。那里在围墙之外有一座墓葬，稍做清理之后，就露出了棺材的一端。棺材是用一根中空的树干做成，顶上横盖着一排粗糙的胡杨枝，几乎是仿照我最初在木吉附近古伊斯兰哈沙墓地中所看到的样式。我的几名随从清除上面的泥土后，展现出面向正南的一名妇女或儿童的双脚，我可以断定，这些都是伊斯兰墓地。

在这类墓葬中，不能期望能找到有关年代方面的证据。而且，就将埋于其中的尸体收集起来做人种学测量标本而言，既无时间也无所需的劳力。然而，即使没有涉及年代的更确切的证据，这些遗迹的发现却有古物与地理学上的意义。因为从它们可以有把握地推断，在不远的过去，当车尔臣河河水还流淌在一条更南的河道中时（也许就是我们所走过的从沼泽边缘通过的那条路线所示），一个至少部分是农业性的定居点，在自然条件可能与塔塔朗相似的情况下，曾在这里维持了一段时间。现在随着河流的北移，加上在此期间干涸可能已经加强，它的相邻地段经历了令人忧虑的变迁。我们必经之地就在古居址的旁边，土地辽阔，上面结有坚硬的盐壳。而且，盐分遍布每一个角落，所以排除了任何恢复居住的可能。

11 月 28 日，离开且末的第六天，我们前进的路线终于离开了沙漠化的拉什喀尔萨特马附近的河流，向东南越过高而贫瘠的沙丘地带，抵达沙漠中的休息地亚喀托格拉克（即独胡杨——译者）。亚喀托格拉克的井水含有盐分，不适合人类饮用。其东邻钦格里克的情形也大抵如此，那里的水是从沙生植物地里挖出来。自然条件使得从罗布淖尔和若羌到车尔臣河的最近路线，必须总是走这条线。《唐书》述及的特勒井是在从新城到且末（车尔臣）河的途中，新城又叫弩支城。因此，考虑到我们将即刻证实的关于这条路线上更东的故地，我认为必须将亚喀托格拉克井与钦格里克井和特勒井联系起来。

新城与现在的瓦石峡小绿洲相当，确切地说是与那里的一处遗址有关。这已为唐代史籍中记载的路线上的距离和方向所清楚证明，赫尔曼博士也认同这个观点。现在从若羌到且末的道路，从遗址以西 6 英里通过。史籍是这样描述那条路线的：

石城镇，汉楼兰国也，亦名鄯善，在蒲昌海南三百里，康艳典为镇使以通西域者。又西二百里至新城，亦谓之弩支城，（康）艳典所筑。又西经特勒井，渡且末河，五百里至播仙镇，故且末城也。

从上述引文已看到，这段西去路线的终点绝对位于今且末。同样肯定的是，它的起点就是唐代的"石城"，汉代的鄯善国中心地或古楼兰，也就是现在的若羌绿洲。由此往西200里至"新城"，这个方向和距离，刚好将我们带到瓦石峡遗址。测得的道路里程是：从瓦石峡西—南西到若羌为50英里。

又西行约4英里，至于田和若羌两县的交界处，我在那里停了下来。11月29日，闲暇中我考察了散布有遗物的地区，向导和民工们也连夜从小绿洲赶了过来。地面上的遗物表明那里有过一个早期居址。在路南北两面各长约1英里，总宽约半英里的范围内，分布着成群的红柳包。其中空阔的侵蚀地带显露出典型的塔提特征。各处都是流沙，黄土地上覆盖着大量陶片。我惊讶地发现，有相当多的陶片很好地上过釉。它们色彩繁富，变化多端，有黑褐色釉陶，也有蓝绿色青瓷。我恳请霍布森先生对那些被带到大英博物馆的标本做过考证，证明其中似瓷的灰陶器源于中国，其呈现出来的特征可靠地表明，它们的时代是在宋代。至于其他陶片，厚釉上呈现出精美的冰裂纹的，当是宋代的钧州瓷器，这尤其值得注意。此外，黄褐色色斑釉器，也具有重要意义。

在我获得的那些小发现物中，也有为数众多的青铜质小器物残片，如扣子、箭头、发针、相当数量质粗而不透明的玻璃，以及石质的、玻璃质的和假宝石质的各种珠子。但它们远不能像瓷器那样能够提供如此清楚的年代证据。钱币完全证实了后者的年代是准确的。这些钱币是在考察期间拾到的，或者就是惯于搜索这些小塔提的瓦石峡村民带给我的。由此，可以最后证实此遗址的兴废年代：它始于唐代，直到 12 世纪才被废弃。

在此遗址中，只要是尚存的建筑遗迹，就一定会发现，它总是坐落在红柳包的旁边，可能是因为红柳包的保护才得以保存下来。这些废墟数目大约有 6 个，都是极小的住房，每套仅有一两个房间。墙用土坯砌成。但有一套单间例外，土坯皆砌成单层，各层之间用黏土层间隔。路北的废墟中，墙壁要么已毁坏到不出几英寸高，要么就是几乎被完全侵蚀掉。但在此地南部有两处，部分墙壁因得到沙丘的保护，仍然高出地面约 7 英尺。

此地北面有一座废弃的建筑物很特别。平面图如图 142 所示。它由两个用烧制的硬砖砌成的小房间组成，连着的第三个房间用普通土坯建成。前者尚保存有约 4.5 英尺高，建造得非常精确而齐整。采用的砌筑方法，是将砖的长边和短边轮流作墙的正面，这是我以前在塔克拉玛干南部考察过的废墟中所未曾见过的一种方法。但后来我在甘肃考察了许多砖构建筑物，其中有老的，也有新的，从而对这种方法逐渐熟悉起来。此地照例有一种用砖砌的柱脚，从地面起高约 6 英寸，突出 2 英寸。如同在其他小废墟中一样，在这里没有挖出任何东西。但是，这可能是一种重复搜索的结果，这些遗址一定被瓦石峡的村民们和其他人翻挖过。我在塔里木盆地南部的任何其他古代建筑中，从未注意到使用过烧制的砖，因而它的特征很罕见。这种砖的使用可能是为了给予任何保存于这些小房间里的东西以更大的安全保障，但对推测确切

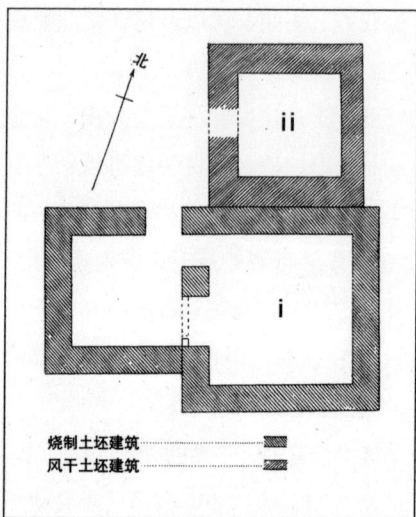

图 142 瓦石峡北面的
古建筑遗址群平面图

图例：
烧制土坯建筑 ··············
风干土坯建筑 ··············

的目的却毫无用处。不过还是应该注意，这个建筑物位于似乎是一个完全衰落了的黏土城堡的西南缘，城堡周长约 180 码。

旅行路线以南不远有一个红柳包，旁边有一座约 13 英尺长的长方形建筑。靠近这座建筑的墙壁有两排杨树，可能是一座果园（图 143）。往南—南西约 1 英里，我看到一处保存得比较好的遗址，坐落在一个红柳包旁边，墙长 18 英尺，宽 12 英尺，厚 2 英尺，是一处小住所。后者的顶部高出地面 12 英尺，而在建筑物无防护

246

的那一面，地面却因风蚀而低于原地平面 6 英尺。一边是几乎与此相同侵蚀程度的地面，另一边是同样生长着的红柳丘，这类现象在这些废墟附近随处可见。根据其他已确定年代的遗址的测量标准估计，足以证明瓦石峡遗址的废弃可以追溯到距公元 12 世纪不远的中古时期。

图 143　瓦石峡遗址的古代果园

我注意到对遗址及其文物所做的考证给我留下的总的印象是，这里受到中原文化的影响比在和田地区的废墟中所见到的更直接。后来的事实加深了这种印象。霍布森先生认为，从瓦石峡捡来的陶片和瓷器残片中的碗钵肯定源自宋代河南的钧州窑，但不能把这种增长的中原文化影响的形成，归功于在这里出现的小规模的中原移民，抑或仅仅是它处在曾十分繁荣的起自中国的贸易线更为遥远的东段的位置的结果。通过马可·波罗的记载我们知道，这条路线在13世纪后半期的蒙古统治时期曾被继续正式使用过。事实上，尽管他的叙述没有明确称之为一个居民点，却似乎包含有言及瓦石峡的成分。

　　马可·波罗是这样告诉我们的：

　　行离且末，在沙漠中要骑行五天，其间所见，水皆苦涩，最后才到有甜水的地方。我现在要告诉你罗布省，罗布省有城亦名罗布，旅行五天后到达。它位于罗布沙漠的入口处，因此也是商旅们投身大漠前的休整之所。

　　考虑到且末以东的这段旅行线，有两点必须认识清楚：一是在沙漠中的"五天"骑程中，除有盐味的水外一无所见，这意味着他所走路线不可能是通常沿着车尔臣河前行的那条路，因为在那条道路上很容易获得好水。但似乎表明介于车尔臣河与那条沿山麓而行的从且末到瓦石峡的路线之间，有一条横穿由沙和砾石构成的沙漠带的更直接的路线。这样一条中间路线，将比我们实际考察过的两条路线中的任何一条都短得多。从伊斯买尔提供的情况来看，冬季沿这样一条路线前进，一路上地面不会有任何危险的障碍，因为伊斯买尔就常常在他的狩猎探险中，依靠野骆驼这类动物穿越过这片沙漠。

另一点是，沿这条路线走的旅行者一般五天可达瓦石峡，而且瓦石峡也可能是他碰到的第一个"甜水处"。那么，瓦石峡肯定像现在属于若羌县的西缘一样，曾经也是"罗布省"的西缘。而且与马可·波罗的计算完全一致，他的五日行程应视为到达"罗布省"最近的地方，而不是到达它的中心罗布"城"。若干令人信服的理由（地理学的和考古学的）表明，后者位于现在的若羌绿洲。我有必要对这些理由作进一步探讨。从且末出发，五日骑行不能到达若羌本地，因为我测得的路程是 198 英里。但如果我们把"旅行五天后到达"这句话看作是指到达"罗布省"，并且把此前的"罗布省有城亦名罗布"这句话当作是一句插入语，以为以后介绍该城留下伏笔，那么，马可·波罗旅行的路线中的每一件事便都完成了。

离开瓦石峡遗址时，我惊奇地发现这样一个事实：不仅在古代家园遗迹所在有点狭窄的地带，而且在向东延展的纯砾石萨依不远的距离内，都散布着开裂得非常厉害的死果树、柳树和白杨树树干。这里原来顶层的肥沃土壤已被风完全吹走，这说明仍清晰可见穿过萨依的渠道线为什么会隆起于地面之上。但奇怪的是，据说来自瓦石峡河的浅水流在夏季可以到达这里。那么仅仅是在该遗址萎缩了之后洪水才流到这里的吗？渠道在沿着古遗址的边缘通过之后，似乎转向北—北东方向而去，这显然是自然排水方向，如实际河流的夏季河床所示，我们是在更东面约3.5英里的胡杨林中跨越那条河床。又约2英里越过纯细砾石平原之后，我们到达现在瓦石峡主河床旁边的新瓦石峡小村。亨廷顿教授推测，从前瓦石峡河的主河床应靠西一些。这样它离瓦石峡遗址就要比现在近得多，这似乎很有可能。但我不可能花时间去追溯这条渠道之源。而且无论如何，不管瓦石峡河可能曾发生过什么变迁，瓦石峡遗址都是以这条河为供水之源，这是一个不争的事实，绝不会成为问题。

在别的地方，我记载了对由政府赞助的殖民冒险的印象，瓦石峡现在小村的存在便归功于这种做法。这片小绿洲断断续续的成长，一方面表明目前的中央政府充分认识到了连接若羌与且末，然后连接和田的这条古道的重要性，另一方面很好地说明了靠利用固定居址去便利和发展其沿线的交通的任何尝试，在目前条件下将困难重重。最初移居于此的那个人，大约于30年前最先占有瓦石峡河附近的土地，他的三个儿子固守着他们的小垦区并取得了成功。但过去约15年，虽然一个接一个若羌的政府官员根据上级命令，试图用预支食物、谷种和谷物的办法来吸引贫困的农业人员从远方的绿洲到这个小聚落来，但每逢收成不如意，或发生还贷问题时，这些农业人员就想法逃跑了。

由于在塔里木盆地东部广泛分布的绿洲之间存在着激烈的农业劳力的竞争，因此在像瓦石峡这样的偏僻地方，几乎毫无留住如此惯于流动的人们的机会。在我访问前一两年，那里的人口数量据说已缩减到仅剩下五户。但现在肉孜伯克继续签约执行官方的这个"发展规划"，约有20户人家被他带到那里，并花钱修建了旅馆、谷仓和巴扎，这一切可能有效地起到一种"洗眼水"的作用。我也和赫定博士一样，听到过他们对恶劣气候的抱怨。他们显然把最大的障碍归结为处在最大的牧场附近，以及从东北方而来的沙暴的威胁，而根本没有提到缺少水源。据称虽然河水在夏季洪水期颇难控制，但足以维持约200户人家的耕种。不过这个判断是否恰好接近正确，或者现在可灌地的最大面积与遗址所示古代耕种范围之间可能保持什么样的比例，仍然是一个难解之谜，只有等灌溉专家研究之后，才有可能作出肯定的回答。

第四节　若羌绿洲及其古遗迹

离开瓦石峡继续前行，一路上所见主要是荒无人烟的戈壁沙坡，但见茫茫沙海北部，稀疏生长着红柳和多刺的灌木丛。这样走了两天，行程计约51英里，于12月2日终于抵达若羌。我打算以若羌为基地，到我早就计划好的罗布淖尔周围去探险。然后沿着马可·波罗，也是先于他的玄奘所走过的那条古道，向右穿过罗布大沙漠，到东北方的沙州或敦煌去。这段旅行将非常艰难。因为我清楚地知道，在罗布淖尔以北的那些遗址探险时，我们将要面对什么样的困难。这些遗址是赫定博士在他 1900 年那次值得纪念的旅行中首次发现的，距他们碰到最近的具有可饮水的地方 100 多英里。这条沙漠故道在废弃和几乎被遗忘了数世纪后，于七八年前确实又重新获得了应用，有了商旅的往来。但到目前为止，我所收集到的相关材料极为有限。一切表明，如果要避免严重的危险和损失，就要精心安排好运输和生活必需品的供应。

我在若羌需要做的准备，不是单纯为横穿沙漠，而是为一系列快速探险。我们要去的地方，有的完全不曾有人到过。而最严重的是，要与相当数量的民工一起，在沙漠遗址中停留特别长的时间。我眼前的工作范围越是不能确定，尽可能地节约时间就显得越重要。因为我知道，在无水的沙漠中工作，只能是在冬季有限的几个月中进行，那时寒冷可以保证我们运输足够的冰以解决饮用水问题。3 月以后横穿沙漠到敦煌，即使可行，也会因饮用水问题而变得十分危险。任何形式的耽搁都将加倍束缚我在如此缺乏水源的地区的行动。为避免出现这些问题，从一出发就保证足够的运力和供应，而且预先将它们准备好以防所有可能发生的不测，这极为重要。

这样在若羌的短暂时间里，我就必须应付好这些费力的工作。三天之内我必须在这片小绿洲有计划地招募一支 50 人的发掘队，取得供应他们工作五周和我自己至少一个月所需的食物。还要尽可能多地征集运输用骆驼以驮运足够的水，确切地说是冰，以维持我们为期七天穿越无水沙漠到罗布淖尔沼泽以北的旅程和以后在废墟中的长期发掘，以及供给回程途中之所需。当我发现即使竭尽当地所有资源，也只能征得21只骆驼，其中还包括我自己的和从且末租来的6只时，这个问题似乎已经很难解决了。然而情况还在进一步变糟，塔里木河到达阿布旦附近后，就开始注入罗布沼泽。这样作为一个近便的寄存地，我却不可能指望那里的那个小渔村了。虽然这条东去的沙漠古道的最后居民点不能提供所需，但我还是可以安全地将所有非急需的行包和贮存品留在那里，以备时间合适便去敦煌。

我在中国的旅行和考古工作，得到了若羌县前任文化官员廖大老爷的大力支持和帮助，使我克服了这些准备工作中遇到的困难。我的老朋友和保护人潘大人给我的介绍信，在取得博学的按办的热情合作方面帮了大忙，且不论他自己真正感兴趣于我旅行的目的。潘大人现在是阿克苏的道台，他的管辖范围往南一直到达若羌。保证我既定的发掘有足够的劳力需要他的权威。因为，不管是来自于田和北部绿洲的移民们的后裔，还是从事农业的罗布渔民的后裔，所有村民只要一听说可能被选作发掘劳力，必须在深冬季节里离家去东北方无水沙漠中进行一次漫长而全然未知结果的旅行后，便同样被完全吓坏了。

想到在那荒无人烟的地区等待着我们的艰难困苦和可能必须面临不可避免的缺水的危险，我强烈地渴望征募到体格完全健壮的人，而且要尽力做到使他们在出发时就装备充分和带上充足的生活必需品。在适宜人选上出现的困难较大，而且没有适时获得解决和补救的办法。第二天阿布旦的两个强壮猎人终于赶到了，希望自然便落到了他们头上。老木拉和托乎提阿洪，1900年元月曾老练地带赫定博士在罗布淖尔周围进行过考察。依照预先从瓦石峡送去的请求信，他们离开阿布旦的家后，经一天的艰苦骑行到达这里，很愿意为我带路。然而他们都未曾接近过这条始于阿布旦的捷径旁边的废墟，因此不能期望他们能够充任我们离开罗布沼泽以后的向导。但他们很熟悉旅经之地的自然状况，而且由于猎人生涯的缘故，他们惯于吃苦。因此，他们的迅速出现和欣然答应分担我们在沙漠中的命运时所表现的平静，极大地帮助镇静了我不得不征集来充当劳力的人们的恐惧感。保证付给优厚的报酬，而且按办许诺免除例行的劳役，才使这些余下的人勉强同意共赴沙海，他们的脸上也终于有了一丝沉稳的表情。

在若羌，令我日日夜夜全神贯注的准备工作，使我注意到身边这些与古物研究有关的情况。有许多理由使我相信，同现在一样，古代的若羌也是整个罗布淖尔及其周围地区的中心。它所赖以存在的河流，是且末以东、出自昆仑而注入罗布淖尔洼地的河流中的最大的一条。其冲积扇上的灌溉设施，远比此地区可能是源自塔里木河自身的任何设施更使人确信，很长一段时期以前曾蜿蜒于浅而常常迁移不定的河床之中，并遍及富于盐分的冲积平原。任何研究这个地区当地情况的人都可能会毫不怀疑这样的地理事实：现在的若羌就是马可·波罗所说的罗布。"沙漠边缘有座大城"，在到沙州和中国内地的途中，这座城是"商旅们投身大漠前的休整"之所。

在讨论证实若羌就是马可·波罗所述的罗布和使我们得以（我相信）将若羌绿洲的历史追溯到很早时期的证据以前，叙述这里有关现代绿洲的基本事实和我在其范围内终于找到的各种古遗迹，显然将是合适的。我得以收集到的当地消息似乎表明，现代居址在19世纪就已经发展起来，发展方式在很大程度上与且末相同。中国人知道这条从和田沿塔克拉玛干南缘和罗布淖尔直通甘肃的商业和战略之路的重要性，而且大约从19世纪初开始，就用在若羌建立农业定居点的办法来努力便利交通。曾经到访过在塔里木河下游渔牧的半游牧的罗布人的商人和小官吏们肯定都知道，这里是整个罗布淖尔地区最适合开垦的地区。但鉴于其非常原始的经济状况（甚至在今人的记忆中，这种状况也是因为缺乏居住在河边的人口所致），很可能直到1830—1840年，清政府在这里建立了一个管制从和田放逐来的犯人的囚犯隔离区之时，若羌才开始有了农业耕作。

当普尔热瓦尔斯基作为第一个欧洲人于1876年访问若羌时，他发现那里只是一个住着21户人家的村子，居民们都是来自和田的移民。除此之外，就是一座泥垒的城堡，里面住着为政府耕种土地的100余名罪犯。罗布人与西北方的柯尔克孜人极为相像，他们在种源上可能存在着密切的关系。由于有一些罗布人被吸引去过农业生活，因而在我访问那里时，居民总数约 300 户。[1] 亨廷顿教授估计这个小镇的人口是 1 200 人。从最近一支百余人的中国要塞防守队在这里屯扎了几近 10 年的事实来看，谷类的生产显然较当地的需要多得多。与往昔一样，中央政府仍然敏锐地注视着那里的军事地理，因而无疑熟悉若羌对于军事方面的重要性。从柴达木和西藏通往那里的著名道路，就是在那里会合后通往和田、库车、焉耆和敦煌。整齐的小"英协亥尔"（新城——译者）建有泥坯城墙，曾保护过这个要塞，现在已经空了。但当时的情形已足以说明中国在防务方面所独具的智慧。那是在这个小镇建立后的几年，一批叛乱分子从西宁逃窜到柴达木，搅扰放牧于若羌以南山中的蒙古人。

对于贸易发展来说，若羌的位置具有同等的重要性。大量羊毛从祁曼塔格和柴达木的蒙古牧区输往若羌，然后运到和田和北方的焉耆与乌鲁木齐。羊毛的输出为一些商人提供了有利可图的生意。宏大而辉煌的巴扎成为社交活动的主要场所。而且我的调查表明，那些往来于和田的商队越来越多地利用这条重新发现的向东穿过沙漠的古代贸易之路，这种行动深受若羌居民的欢迎。

1　这可能包括一定数量的罗布人。可以说在这个过渡阶段，他们仍然依恋着渔业，但热季时，他们就到若羌去种地和生活，因为这时塔里木的沼泽和湖泊附近，蚊子之类的虫子多得惊人，在那里生活将被叮得痛苦不堪。其他罗布人已经变成拥有大量财富的地主，例如吐尔逊巴依，他让给我做营房的那套房子宽敞而舒适，达到了独步当代的水平，也可作为物质进步的极好的例子。

因为这有助于他们卖掉剩余产品以获得利润，并得到他们所缺乏的工业品或价格比较便宜的奢侈品。另一方面，如果没有这个耕种区的存在，商业和交通肯定会比目前这样困难得多。因为所有从这里开始的路线都要穿过广袤的沙漠，有了这个耕种区的存在，在进入沙漠之前，商队就可以在这里补充粮食和让牲畜稍事休息。

维持绿洲全部灌溉的若羌河是且末以东、发源于昆仑山脉而注入罗布淖尔洼地的最大河流。虽然除在春夏洪水期外，其水量尚不足以使它与车尔臣河水及塔里木河水汇合，而从小镇附近依然很明显的主河床的自然宽度和所能收集到的地方资料判断，只要有足够的劳力，足以保证更大范围灌溉区的有效供水。我自己的短暂停留是在冬季，那时河水已经极大减少，而且凝结成冰，因此不可能收集到可信的资料。而且对我来说，像赫定博士在1901年4月和5月那次特别长的停留期间已经收集到的那样的参考资料，目前是不易取得的。但有事实表明，春夏季水量之所以丰富，是因为若羌河接纳了祁曼塔格雪山的冰雪融水。因而才大到足以在深深的峡谷中下切河道，穿过昆仑山或阿尔金山最外围的山脉。

总之，我们调查的基本事实是，若羌河可用来灌溉的水，远远超过瓦石峡和米兰河中的任何一条。这两条河目前独自向这个地区的耕种区提供供水，但不包括若羌绿洲。不管干旱可能曾使塔里木盆地这个地区发生了什么样的自然变迁，我们都不能假定在历史记载十分匮乏的这段有限期间里，这三条河的相对水量和它们对于农业聚落的相对重要性发生了质的转变。因为它们都发源于相同区域，流经自然状况基本相同的地区，而且尾闾间的距离只有两天路程远。因此我们可以有把握地推断，如果此地区西边的早期定居点由已述的那些遗迹证实是在瓦石峡，东边的定居点由自普尔热瓦尔斯基以来便标到地图上的那座"老城"废墟证实是在米兰，那么若羌本身所在位置以前也是一片古老而且可能更大的绿洲。

鉴于这些，当我经过且末时，关于若羌的一座老斯皮尔，即围有城墙的城堡的一段话引起了我的注意。一到那里，我便马上去寻找它，尽管我当时正忙于别的工作。必要的快速考察之后，发现若羌绿洲现代耕地的最中心，甚至就在地表上，可以清楚找到古代居住遗迹，这时我极感满意。在我的营地东面不远，耸立着一道墙垣。那里有一座围以城墙的城堡废墟，长方形，人们称之为斯皮尔。其土筑的防御土墙虽然已经风化得很厉害，而且为了便于在其内外耕作，相应位置已被完全拆毁，但自北至南，还可很容易追踪 0.5 英里。其宽约 0.33 英里，防御土墙残高从 12 英尺到 20 英尺不等。北面和西面墙最清楚，南面几已消失殆尽。虽然里面已整个变成田地和家园；但这次快速考察还是找到了用大块土坯砌成的老城墙。这些墙被现代居民的住所分开。我还在这个围墙区的中央附近看到一座土墩，高约 13 英尺，与一个农户的房子相连，有一部分还成为这所房子的组成部分。其顶部，或多或少为一座圆形土坯建筑物的一半，高约 4 英尺，圆形建筑的直径约 12 英尺。东面斜坡上一条笔直的土坯建筑物的边缘部分，似乎是墙基的残部，露出于地面之上五六英尺。整个遗迹令人想到是一处具有穹隆顶和方形基座的小窣堵波废墟。从顶部下挖有一个井孔，表明它是很久以前为找"珍宝"而挖掘出来。

1876 年普尔热瓦尔斯基访问这里时，若羌主要还是一个小小的罪犯隔离区，那时这座城堡似乎保护得略好些。"在若羌现代村子中，"他叙述道，"可以看到一座古城的城墙，古城叫作奥托古什城。废墟周长据说是 2 英里，主墙前部耸立着瞭望塔。"但看上去远比尚存防御土墙更引人注目的，是叫作托拉（即塔）的古代土墩，我走了大约 1 英里才到其西北。在河左岸约 300 码，称为库尔班伯克的马哈拉的地方耸立着一个值得注意的大土墩，很陡峭，高于灌溉地 50 英尺。垃圾层是人工所为，斜坡上露出大量大石头。其顶部还可见到一座直径约 12 码的宏伟土坯建筑遗迹。建筑物被严重破坏，北面的土坯暴露了出来，土坯已风蚀变坏。

几乎没有什么疑问，它们是佛教时期的窣堵波遗迹。但土墩的下部太大，不可能是一处单一建筑所形成。而且剖面上显示的垃圾层清楚表明是经历了很长时期的居住才形成，或可追溯到史前时期。有一条灌溉渠道切入土墩的南面基座中，上面陡坡上露出一层层地层来。考察它们时我突然想起，1904 年曾在俾路支的特尔附近也见到过一座这样的大土墩，叫作肖尔格拉依。这些混有石头的古代垃圾，包含有许多粪便和芦苇秸，因此常常被定期挖去做肥料（就像在印度西北边境看到的，将古墓中的墓土挖去做肥料一样）。这种做法或许已经导致这个耕作区内其他较小土墩的消失是有可能的。

　　我没有听说若羌周围还有什么地方存在塔提，比如它们很久以前属于某个聚居地，但后来被废弃了，风蚀作用将人类活动时期遗留下的各种遗物暴露出来，散布于侵蚀地上。在这里也没发现有任何小件文物在待售的情况，而在塔提较丰富的地区，这种事情却很常见。我相信，从这些否定的事实，以及从古城墙位于现在绿洲中心的事实，我们可以有把握地推断，若羌古代的位置就在现在的若羌绿洲之中。同时，我在这里看不到有什么地方发生过明显的侵蚀和剥蚀，所以很难相信古居址的完全废弃（肯定在现在绿洲的建立以前）会延续了很长时间。假使这个遗址废弃于中古时期以前，而我们将要看到在这个被风力扫荡的罗布地区，侵蚀作用一刻也不停地对土地进行着剥蚀，至少已使部分地区完全变成了砾石戈壁，那么那些不怎么宏伟的墙垣肯定早就被完全风蚀掉了。这些观察将解释为什么追溯若羌的历史，从晚期记载入手而后才论及早期的史料将是最稳妥的方法。

第五章

史料中的罗布、鄯善与楼兰

第一节　马可·波罗的罗布与玄奘的纳缚波

在追溯恰克里克（今若羌）的早期记载时，不能指望从重新恢复的绿洲的名称上获得帮助，因为这显然是一个当代的名称。但如果我们注意关键事实，即这片绿洲过去与今天一样是罗布淖尔南缘的主要定居农业区，那么就很容易认识到，若羌就是马可·波罗所说的罗布城的所在地。我们已经讨论过他离开且末后到达的第一个地方：罗布和"叫作罗布的省"。"罗布是沙漠边缘上的大城，叫罗布沙漠，位于东和东北之间。属于大汗，人民崇拜穆罕默德。现在，打算穿过沙漠的人们要在此城休整一周，以恢复人畜的疲劳；然后为旅行做好准备，带足人畜一个月所需的供给。一离此城，即入沙漠。"

我们有必要进一步探索马可·波罗通过沙漠到"沙州城"的路线。毫无疑问，他的旅行路线实际上与现在从若羌经沙漠到沙州或敦煌的商道是相同的。同样，他的"叫作罗布的省"，一定是指罗布淖尔附近与塔里木河下游所有有人居住的地方，就像现在全新疆所用的"罗布"（Lop 或 Lob）一词那样。[1] 马可·波罗所说的罗布城，享用了"省"名，可以假定它曾经是该"省"的首府。关于它的位置，现在有三个地方可以考虑，自西向东，它们依次是瓦石峡、若羌和米兰。历史上，只有这三个地方具备形成城的自然条件，即便规模很小。

　　三个地方都有早期的遗址，证明过去都存在过聚落。但经过详细调查，我认为，瓦石峡和米兰都不能代表这个威尼斯人所谓的"罗布城"。他在报告中说道，准备穿过沙漠的旅行者通常要在罗布城停留一周，"以恢复人畜的体力"，"一离此城，即入沙漠"。从上文所述瓦石峡和若羌现存的重要村落和它们赖以存在的各河流的规模，我们知道，若羌拥有充足得多的供水和更大的耕作区。因此，当瓦石峡还是马可提到的那样的绿洲时，它不可能就已弃为荒地。从且末到沙州或敦煌的路线，一定曾经总是经过若羌。

　　1　今天当地的用法中，罗布一名仅限于塔里木尾闾河道向东大转弯处附近的一个小渔村，这是真的。但一般以罗布里克或"罗布人"来表示河边渔民的后裔，而且他们自己也这样使用，这的确证明该词久已广泛使用。蒙古语名称罗布淖尔，即"罗布湖"，被中国和欧洲的地图制作者们用来表示整个塔里木河尾闾沼泽地区，也是以这个普遍用法为先决条件的。

因此，如果将"罗布城"放在瓦石峡，那么将不能解释，为什么马可·波罗要将其写成前往沙州的、一月沙漠之旅的最后休整地。

乍一看，他描述的距离似乎更适合于米兰，因为米兰位于从若羌到敦煌的直道上，距若羌两天路程，并处在戈壁边缘。然而我的发掘结果表明，这里不可能是马可·波罗所说的"罗布城"。通过发掘，我找到了确凿的考古证据，可以证明米兰遗址废弃于蒙古时期以前数世纪。即使我们假定，有一部分在加罕萨依河畔幸存下来，就像现在距古遗址有相当距离的地方也存在耕作区一样，这也不足以成为一个城，也不能为在那里准备长期沙漠旅行的商队提供定期需要的资源。

因此，我们只能作出结论，马可·波罗的"罗布城"一定位于若羌绿洲。那里有一座废城，性质、状貌与此结论相符。马可·波罗过后多久，此"城"此绿洲被废弃，我们不得而知。但公元14世纪中叶以后，它似乎已变得不再重要了，因为那时，随着蒙古王朝的衰落，中国恢复了过去的隔离政策，停止了与中亚的自由交往和贸易。我们从谢鲁克大使的报告中得知，公元15世纪初，沙漠南道上行人稀少。

据米尔扎·海达尔记载，大约同一时期，罗布已沦为荒漠。据悉，蒙兀儿首领兀畏斯可汗在那里猎到过野骆驼。他记载此事大约是在公元16世纪中叶，当时他只知道罗布是塔里木盆地东南部某个地方的一个废城的名称。"喀什噶尔与和田以东以南是沙漠，除流动沙丘、不能通过的丛林、荒地和盐碱地外，一无所有。古代这些荒地中有大城，但只有两座城的名称被保留下来，叫作罗布和卡塔克。其余的则既没有留下名称，也没有留下遗迹。它们全都埋于沙下。""罗布"这个名字，就是若羌重新恢复耕作以前数世纪中所幸存下来的一切。我们已经看到，这个名称有广义和狭义之分。我们也看到，如马可·波罗所知，若羌以北约36英里、现在明确叫作罗布（Lop）的小渔村，在罗布里克或"罗布人"的所有村落中，也许是离"罗布城"最近的一个，这不仅仅是一种偶然。

从唐朝对塔里木盆地治理的结束，到马可·波罗约于公元1273—1274年的通过，这五个世纪里，我发现我们拥有的史料中没有明确和肯定地提到过若羌绿洲。但从这里通过的、从和田至沙州的大南道，这段时期一定仍在使用，至少是断断续续地使用，大量使节从和田入朝中央朝廷就证明了这一点，从后晋初到北宋末年这段时期的正史给我们留下一些记载，但只有公元938年高祖皇帝派往和田回访的使团报告了所行的路线。从他们的报告我们看到，出沙州后，该使团肯定不是沿通过沙漠的路线西行，他们走的是另一条路。那条路在南湖和巴什库尔干之间时，依循阿尔金山高峻的北坡边缘；到罗布淖尔洼地后，则在米兰附近并入前道。我们现在将讨论这条道。报告写道，沙州西为仲云，西行入仲云界，至大屯城。纵观这一带的自然条件，很难在山脚下的其他地方找到一个"城"。不过这个"城"是指若羌，还是指更西的一些绿洲，不能确定。

唐代的记载中，又有了追寻若羌早期历史的可靠根据。沙畹先生出版的《唐书》选段中，有从沙州到和田的道里："蒲昌（罗布淖尔）海南三百里至石城镇，汉之楼兰国也，又名鄯善；又西二百里至新城。"关于新城，我们已经说清楚，接下来至且末或车尔臣的行程提供了证明，它肯定位于瓦石峡。同样，我认为"石城"肯定位于若羌。我得出这个结论，不仅因为若羌位于"新城"以东200里，而且因为它位于罗布淖尔以南300里。现在从若羌到塔里木河畔的阿布旦是64英里，合三日行程。据说阿布旦可能是罗布淖尔沼泽的最西缘。

这个地方又名鄯善，就是汉代的楼兰国，这句话特别重要。因为它明确表明，像现在一样，若羌在唐代时就已经被认为是整个罗布地区最重要的地方。关于最初使用"鄯善"和"楼兰"这两个名称的问题，将另作详细考虑。至于汉文名称"石城"，它没有不同的别号，我可以立即说出我的想法：它很可能与称为托拉的古代土墩中的巨石有关。这种石材，显然来自远方，而且唐代时，也许还在其他土墩中发现过，不过后来这些土墩消失了。在黄土与绿洲外细沙砾组成的冲积平原上，它们恰巧特别引人注目。

遗憾的是，就沙畹先生的译本而言，唐代关于塔里木盆地的记载，没有特别注意鄯善或罗布地区。虽然在说到新疆的库车、焉耆和且末等时，有两次提到了"鄯善国"。大约于公元639年，新疆臣服于西突厥的某位可汗。所幸，公元644—645年，玄奘从和田返回长安时路经此地，他在《大唐西域记》的最后部分，写下了简短但重要的一笔：从折摩驮那故国或且末又"东北行千余里，至纳缚波故国，即楼兰地也"。

从距离和方向上看，这个简略提到的地方相当于若羌，因为二者都与现在从且末到若羌的路线相一致。从且末到沙州，玄奘没有别的路可走。玄奘认为他的纳缚波就是古楼兰，我认为这一点很重要。但直接引起我们注意的，是纳缚波这个名称本身。其他汉文史籍中不见这个名称。这自然令我推测：与在其他地方通常的做法一样，这里玄奘保留了当地实际用名的音译，而非传统的或文学的称号。

关于汉文译名纳缚波，玄奘的注释家没有说出令人满意的词源。猜想的原形 Navapa，可能"看起来像梵文"，但肯定毫无意义。亨利·尤尔爵士受文献学直觉的指引，推测玄奘的纳缚波可能衍生自马可·波罗的罗布和现代的地名。我从米兰戍堡发掘的大量吐蕃文木和纸文书，为这个推测提供了意想不到的证明。这里指出它们全都属于吐蕃控制中国新疆时期就够了，即约从公元 8 世纪晚期到公元 9 世纪后半叶。

这些文书中，地名"罗布"一词出现的频率特别高。根据上下文的意思，它肯定用于米兰，或用于其范围之内的某个地方。由此可见，玄奘的纳缚波的原形，与马可·波罗的罗布在语音上有着明显的联系。因为我既不是汉学家，也不是吐蕃学家，所以对于其中世纪和现代名称的字首 l 与汉文和吐蕃文名称的字首 n，哪一个能更正确地表现当地原来的发音，我不敢表达任何意见。不过我至少可以指出，在许多印度雅利安人的方言中，梵文和婆罗米文的首字母 l 通常被改为 n，而相反的转换，即首字母 n 改为 l，我至少在中国官话的发音中也经常听到。[1]

　　为对提到罗布的吐蕃文书有一个大概了解，我必须提及米兰成堡的发掘。从弗兰克博士翻译的文书摘要判断，最常提到的地方有两个，分别是大罗布和小罗布。住址中的地名或上下文的特征中，有许多地方，这里我不能详加讨论，但从它们我推断，发现文书的米兰遗址，就是小罗布所指的地方。如果这个推测正确，那么大罗布就很可能相当于若羌。

　　小罗布和大罗布的区别，与早期文献所示鄯善的两个都城——东边的老城扜泥和新城伊循——的区别相对应。我相信，这两个地方分别就是现在的米兰遗址和若羌遗址。同时还重复提到了罗布的几个城堡。有一次提到"下罗布"，表明这个地区也包括大小罗布以外的地方，正如当代普遍使用的"罗布"这个词，它包括了塔里木河尾闾河道附近，以及以库鲁克塔格和阿尔金山为界的全部地区。

　　1　我在与中国官吏和中国新疆文人的交谈中逐渐习惯了的湖南口音，似乎一律将 nan 念成 lan，ning 念成 ling，等等。我注意到，我在甘肃访问过许多地方的乡下人，他们的发音有许多与此相同。

第二节　汉唐时期的鄯善

现在，我们可以继续追寻唐朝重新治理塔里木盆地以前那段时期罗布地区的历史。由于罗布淖尔位于中国通往中亚的古道上，而这条古道甚至在中原王朝暂时退出西域时依然相当重要，因而我们这项工作并不困难。

裴矩约于公元 607 年编写的《西域图记》清楚表明，南道经罗布淖尔以南的鄯善至于阗（和田）。我们已清楚知道，裴矩的情报是从访问甘州的外国人那里收集的，因此简直不能怀疑，鄯善之名用于罗布地区实际为当地所熟知，而并非学术上的推测。

《宋云行纪》也证明了这一结论。他于公元 519 年自吐谷浑西行 3 500 里至鄯善城。因吐谷浑居可可淖尔及其以西的高原，所以宋云一定是沿今天仍从可可淖尔穿过柴达木到米兰和若羌这条道旅行的。"其城自立王为吐谷浑所吞；今城内主是吐谷浑（王）第二（子）息宁西将军，总部落三千人以御西胡。"

宋云的记述尽管简短，但对我们的探索意义重大。它首先表明，鄯善之名在公元 6 世纪早期用于罗布地区。对照地图和研究其后来西出且末的行程，可知他出可可淖尔所行路线，不会超出米兰和若羌。更重要的是，他提到了吐谷浑的征服，这有助于解释一个多世纪后出现的新名称。这个新名称被玄奘译为纳缚波，通过吐蕃文书中的Nob,我们可以将其追溯到现代的罗布(Lop)。《北史》证实,吐谷浑的征服发生在公元540年,并且扩大到且末。也许,新名称且末的出现,也归因于吐谷浑的这次占领,这个名称最早出现在米兰的吐蕃文书中。但鉴于宋云经过时,且末只有百户居民,所以鄯善城一定还极具规模,可为王廷据地,其物产资源足以维持3 000人的驻军。吐谷浑与公元6世纪早期统治中国的北魏族源相同。它们的友好关系,说明了为什么建立在鄯善的吐谷浑,可以被古代中国官方使节视为帝国抵抗"西胡"的前哨。

这里顺便注意一下中国最早到西域的佛僧法显关于鄯善的报告。他和另外四名僧人,公元400年秋从边境敦煌随使出发。敦煌太守"供给以渡沙河。沙河中多恶鬼热风。行者遇之则皆死,无一全者。上无飞鸟,下无走兽。遍望极目,欲求度处,则莫知所拟,唯以死人枯骨为标识耳"。

行十七日,计可千五百里,得至鄯善国,其地崎岖、薄瘠。俗人衣服,粗与汉同,但以毡褐为异。其国王奉法,可有四千余僧,悉小乘学。诸国俗人及沙门尽行天竺法,但有精粗。……住此一月日,复西北行,十五日到乌夷国。

僧侣们所写敦煌鄯善间的沙漠,与马可·波罗旅经的"罗布沙漠",以及与其他早期报告中记载的罗布与敦煌间的沙漠道,如出一辙。毫无疑问,法显及其同伴所走的,正是从敦煌经沙漠至鄯善这条道。此外，考古证据证明，罗布淖尔以北的老村落到那时已经废弃，因此可以肯定，成为法显目的地的鄯善是以米兰和若羌遗迹为中心的罗布地区。这个位置与他的 17 日旅程和 1 500 里的距离是一致的。我们用计程器量得的实际路程，若羌与敦煌之间的距离将近 380 英里，米兰与敦煌之间的距离是 332 英里。佛僧们后来向西北行 15 日至乌夷，也证实了这个判断。因为有充分理由相信，法显的乌夷只不过是乌耆的变体，乌耆出现在佛教书籍中，其实就是汉文史籍中的焉耆，相当于今之焉耆。从地图上算出若羌到焉耆的距离约为 280 英里，旅行 15 日似乎是一个很合理的限额，现在两地间的驿道计 14 站。

法显描写该国为"其地崎岖、薄瘠"，这在祁曼塔格和孕斯湖一带广大的山区找到了解释。那里是若羌放牧牛羊的地方，现在仍隶属于若羌。这也说明了法显所述流行羊毛衣服的原委。考虑到下文描述的考古发现，法显提到的佛教盛行情况就显得尤为重要。同样重要的是，他提到这个地区有 4 000 名佛僧。就算僧侣人口多得像吐蕃这样的佛教国家，我认为现在的罗布及其有效的农业资源也不可能维持这个数目的闲人。干旱的加剧，加上后来生产区的减少，可能是这段话唯一适当的解释。

我将稍稍偏离严格的年代顺序，谈到《宋云行纪》，因为这将有助于更肯定地解释在郦道元《水经注》中发现的重要的地理资料。由于作者逝于公元 527 年，因此其提供的情报的最后年代大致确定在宋云时期。但有足够理由考虑，就塔里木盆地部分而言，许多——如果不是几乎全部的话——情报可以追溯到更早的时期，那时中国人对那个地区的了解更全面。上文在讨论且末的历史时，已从沙畹先生的译本中引用了郦道元关于阿耨达水或车尔臣河的注。那条注中增补了有关鄯善或楼兰的情况。

车尔臣河（或车尔臣达里雅）与"南河"（即并入塔里木河的和田河）汇合后东流，称为注滨河。"注滨河又东经鄯善国北。（该国）治伊循城，故楼兰之地也。"注意这里给出的地理方向很重要。它们证明自郦道元时代和显然更早的时期起，鄯善的主要地方及其都城伊循，位于塔里木河与车尔臣河汇合东流以后的河道以南。参考地图所示，这段描写与若羌和米兰的位置完全相符。这两个地方与现在和车尔臣河合流后的塔里木河尾闾河道有关。这段描写还证明，在郦道元时期和可能在其以前很久，视为鄯善地区的位置也被当作楼兰国，这在《汉书·西域传》中写得特别清楚。

郦道元接着记载了公元前77年楼兰史上发生的一个重要事件。他的记录无疑摘自《汉书》卷九十六，因为我们发现，《汉书》中对此事件说得格外详细。郦道元的摘录对基本事实叙述得如此清楚，这里我将沙畹先生的译文照录出来：

楼兰王不恭于汉，霍光遣平乐监傅介子刺杀之，更立后王。汉又立其前王质子尉屠耆为王，更名其国为鄯善。百官阻道横门，王自请天子曰："身在汉久，恐为前王子所害。国有伊循城，土地

271

肥美。愿遣一将屯田积粟，令得依威重。"遂置田以镇抚之。

郦道元叙述的这些事件本身就很有意思，因为它表明，"伊循城"——公元前77年后不久西汉在那里设立了军营——没有被郦道元甚至没有被比其更早的权威视为鄯善或楼兰的早期都城。无论如何，其位置一定在古都附近，否则朝廷在那里建立屯田不能达到保护新国王安全的目的。因此产生了这样的推测：像伊循一样，古都也位于塔里木河尾闾河道以南。

在继续记载使我们能够确定那个早期都城的资料之前，注者偏离主题，记了一则奇闻。这则奇闻与我们面前的问题没有直接关系，但考虑到将来则会很有必要，它关系到晋朝将军索劢在楼兰屯田。据悉索劢为了保证必要的灌溉，曾筑坝横断注滨河，并依照阿喀琉斯与赞瑟斯河的故事奇迹般地遏制住河水的冲击，保住了大坝。无论这个奇闻是以什么历史事实为依据，其时间和地点必须到别的地方去寻找。因为，一方面逻辑上的证据显示，这个屯田的所谓建立者，属于后汉时期；另一方面，地理因素清楚表明，故事中大坝的地点位于塔里木河更上游一些的某个地方——关于这个问题，我们将在讨论罗布沙漠以北的遗址时再作论述。

重新回到他的地理报告上来。郦道元接着告诉我们：

其水（注滨河）东注泽。泽在楼兰国北扜泥城。其俗谓之（扜泥城）"东故城"。去阳关千六百里，西北去乌垒千七百八十五里，东至墨山国千八百六十五里，北去车师（吐鲁番）千八百九十里。

这里指明的距离与方向，以及所写其土地与物产概况，直接从《汉书》关于鄯善或楼兰国的报告中引用。因此有关它们的讨论最好留待考证那个报告时再进行。这里注意它们极易与塔里木河尾闾沼泽以南的扜泥混淆就够了。

最重要的是，郦道元时的传说知道扜泥是"故城"，并将其放在实际都城伊循以东，而在《汉书》中，扜泥是鄯善或楼兰的国都。还必须记住，鉴于伊循被描写为位于塔里木河与车尔臣河汇合后的河道以南，而扜泥又被郦道元放在接纳二河的"泽"的南面，因此，它们显然不会相去很远。如果我们现在比较一下这些资料和有关罗布地区早期人类活动区的地理事实，以及下文详细介绍的考古证据，我认为必然得出这样的结论：伊循一定位于现在的若羌，而扜泥或"东故城"的位置就在米兰遗址中的早期遗迹所示的地方。还要留意，这些废墟肯定在郦道元时代以前就已经完全废弃，它们到北边的罗布淖尔沼泽最近的距离，甚至在今天也只不过12英里，尽管后者明显收缩了。

对这些认识的主要争论，在于如下事实：文献所载伊循和扜泥的相对位置，与在若羌和米兰遗址实际调查的情况完全相符。关于认为后者是扜泥，下文所述发掘将证明，该故城遗址至迟废弃于公元4世纪或5世纪，即《汉书》的编辑和郦道元的注的编写之间的那段时期，这个事实为其提供了重要而确定的证据。另一方面，伊循或鄯善的新都位于若羌，如《汉书》的一位中国注者所正确推论的，得到若羌从玄奘时代起就是罗布地区的主要地方这个证据的有力支持。似乎有理由假定，当地的情况与仅仅一个世纪前一点点的郦道元时代没有本质的不同。

前面已经讨论唐代的两篇原著似乎证明，那时中国人认为伊循就是米兰。其一是《新唐书》，我们已经引用了其中有关"石城镇"或若羌的传。就在这段的前面，我们被告知：

自蒲昌海（罗布淖尔）南岸，经七屯城，汉伊修城也。又西八十里至石城镇，汉楼兰国也，亦名鄯善，在蒲昌海（罗布淖尔）南三百里。

伯希和对伊循和伊修之间的书写混淆作出了令人信服的解释，并且还引证了另两段话，这两段话中，同一地名被写成后一种形式。它们在公元885年的地理著作中找到，也包括在我从敦煌附近封闭的千佛洞藏书洞中发现的MS.Ch.917之中。在那里，这个"屯城"被两次写成伊修城，位于鄯善城东180里。鄯善城，公元675年以后称为石城镇。

伯希和已经指出，"屯城"之名源自公元前77年西汉在伊循（或伊修）的屯田。考虑到指明是在"石城"即若羌以东，距离180里（《唐书》记载的80里显然只是书写错误），我推断，这两篇原著所指的地方，一定是米兰遗址。显然，这个伊循（伊修）的位置与上文郦道元的注中提到的那个不能一致。如果我们采用它，那么，楼兰故都扦泥将不得不被放在若羌，而这又直接与郦道元所载的方向矛盾。他的原文写于公元6世纪初，如果不是更早的话，而两篇唐代原著则属于公元9世纪，这个事实可以解释不相符之处，但不能解决这两个地方（米兰或若羌）中孰对孰错这个问题。在唐朝重新治理塔里木盆地之前很长时期，罗布地区脱离了中原王朝的控制，而这很可能给这个历史术语带来混淆。也必须记住，刚才所引原文的写作时期，即公元9世纪，唐朝对罗布地区的治理曾长期屈服于吐蕃的侵犯。

郦道元的注，就我们这里所论而言，最后一句陈述了罗布淖尔为塔里木河所注。这对于古代罗布淖尔的位置这个备受争议的问题来说意义重大。它还顺带着表明，楼兰（或牢兰）这个古老名称曾被长期广泛使用过。

> 故彼俗谓是泽为牢兰海者也。释氏西域记曰："南河，自于阗东北三千里至鄯善入牢兰海者也。"

不过，这里不是考虑"罗布淖尔问题"的地方。自引发争论的主角普尔热瓦尔斯基和李希霍芬以来，已有大量论著对这个复杂问题进行解释。但对历史学家而言，这段话中的牢兰海只不过是喀拉库顺湖而已，与今天它们所占地方有许多是相同的。

我发现，在沙畹先生翻译的晋代记载中，有关西域的段落没有提到罗布淖尔，虽然公元 383 年吕光成功地征服北边的焉耆与库车和南边的且末时，肯定也经过鄯善。但请注意，雷米萨引用的一条汉文注释，提到了鄯善是中国内地至和田这条南道的枢纽，其国王与帝国保持着友好关系。《晋书》提到，公元 283 年鄯善国遣子入侍。

关于三国以前，《魏略》提供了特别重要的史料，记载了后来从敦煌入西域的三道，对此以后将有必要重复提到。书中写道，南道诸国，"且末（车尔臣）国，小宛国，精绝国，楼兰国，皆并属鄯善"，此文之下，列举以西诸国，皆并属和田。毫无疑问，这里的鄯善就是指今天的罗布地区及其主要绿洲若羌。且末、小宛和精绝相当于自车尔臣到尼雅河尾闾的古代绿洲已经充分讨论过。至于这里提到的与鄯善不同的"楼兰国"，最好先保留我们的观点，直到考证了全部现有的关于罗布淖尔北部楼兰遗址的考古资料，并查明了相关历史记载的解释。

《魏略》所载的重要意义，在于其提到上述地区隶属鄯善的时期，与上文证明以尼雅遗址为中心的精绝隶属鄯善的时期完全相同。在讨论该遗址发现的佉卢文木简时，我已经强调 N.XXIV. viii.74、93 这两块矩形双简的重要。与它们在一起的第三件文书是一件矩形简盖，上面有封泥印——鄯善郡印。其中一件包含一份有关土地买卖的契约，证人是鄯善的中国长官，这表明了中原王朝实际控制着该地区甚至直到尼雅河的民事。尼雅木简的年代大致可以由纪年木简确定下来，这是一件汉文木简，是我上次探险时发现的，上面署有年号，相当于公元 269 年。

1901 年我在尼雅遗址发现的另一件碑铭文书，表明鄯善的本地统治者也拥有广泛的权力。在一件最初似乎是用作小盒的盖子的矩形简盖上有题字："鄯善王（令）"。另一枚汉文木简提到鄯善和焉耆、库车及喀什噶尔隶属于一个不知名的本地统治者。这枚木简可能属于西晋的开国皇帝武帝时期。如沙畹先生所言，它可能涉及焉耆王龙会，他大约在晋末建立了霸权，统治整个塔里木盆地。

第三节　《后汉书》中的鄯善

当我们打开《后汉书》，发现鄯善的记载更丰富更富有历史意义。《后汉书·西域传》主要基于汉朝将军班勇约公元 125 年提供的正式报告写成。班勇及其更著名的父亲班超，是公元 73 年后汉朝恢复对塔里木盆地治理的功臣。在重新征服西域的过程中，鄯善以其地理位置而具相当重要的地位，如我们在有关这一地区的材料中所见。

综述后汉统治的西域及帕米尔时，《后汉书》提到鄯善位于自敦煌经玉门和阳关而西去的路上。书中写道，自鄯善逾葱岭或帕米尔出西域诸国，有两道。南道沿昆仑山北麓西行至莎车或叶尔羌。由于出玉门后，所经南道诸国依次是鄯善、且末、精绝（尼雅）、拘弥（策勒—于田）和于阗（和田），所以它大致与今之自敦煌经若羌到和田的商道相符是肯定的。北道沿北山即天山至喀什噶尔。书中没有说明北道与南道的确切分离点在什么地方，但提到了车师或吐鲁番，这表明北道肯定并入了仍经过天山南麓各绿洲至喀什噶尔的大道。

遗憾的是，《后汉书》没有提供任何有关鄯善的地理材料，但记载了公元58—75年期间塔里木盆地南部的政治情况，证明鄯善国后来拥有广阔的疆域和可观的资源。它告诉我们，和田王广德征服从精绝（尼雅）到疏勒（喀什噶尔）的所有王国时，"鄯善王亦始强盛。自是南道自葱岭以东，唯此二国（和田和鄯善）为大"。同书还提到同一时期鄯善并有和田以东"南道"上的所有国家：小宛、精绝、戎卢和且末。这条表明鄯善国实力的论断，以及下文记述的其他资料，都证明那时的鄯善，相当于最广义的罗布地区，国土比现在塔里木河尾间定居区大得多。

书中写道，公元45年，鄯善等国受到莎车或叶尔羌王贤的威胁，纷纷遣子入侍，请求汉朝保护。但这个请求并未奏效，因为第二年，鄯善王安即被贤军战败，损兵千余，被迫逃亡山中。这次攻击据说是因为鄯善王贤拒绝绝通汉道的请求而引起。这表明，鄯善是帝国通西域干道上的重要枢纽。由于当时帝国尚未强大到足以在政治上统治西域，鄯善和吐鲁番遂被迫寻求北方匈奴的支持。

导致公元1世纪最后25年汉在塔里木盆地重建政权的那些早

期事件，明确证明鄯善的地理位置对于汉的重要。该书告诉我们，中断关系 60 年后，西域再次成为汉政治活动的场所。公元 73 年，汉明帝发兵北征匈奴。以首征哈密和巴里坤战功卓著而著名的班超，此时虽然还是一个下级军官，但注定要成为塔里木盆地的征服者。就在这一年，班超出使西域，鄯善成为他后来取得重大成功的根据地。初到鄯善，班超受到了鄯善王广的热情接待。后来匈奴密使的到来，威胁到鄯善王。于是班超立即制定一个聪明的计划，夜袭匈奴营帐。尽管班超只有很小的卫队，但他还是一举歼灭了匈奴密使，从而建立起对鄯善王和鄯善国的支配地位。获得对鄯善的控制之后，班超继续西进，并以类似的大胆行动迫使控制南道的和田王臣服。到公元 74 年，班超已将帝国的势力扩展到喀什噶尔。

尽管几乎不能从遥远的帝国得到支持，班超仍然不断行动，逐渐成功地确立了汉朝对塔里木盆地的治理，并使他的影响远达索格狄亚那（粟特）和奥克苏斯河（阿姆河）流域的印度—斯基泰。这里我们没有必要去追寻班超的这些行动。但值得注意的是，直到公元 94 年，在大量当地军队的帮助下，以及鄯善与其他七国一起为其提供了分遣部队，班超才最后成功地征服焉耆。只要焉耆还未被直接控制，通过哈密和吐鲁番到塔里木盆地的通道就不能安全地用于古代中国的军事与贸易。这个情况增强了当时连接敦煌与鄯善、然后分别通往昆仑山和天山山脚绿洲的大道的重要性。

以后将有机会详细讨论此道及其分支，这里注意班超自己是如何表述此道开始路段上沙漠环境的艰难就够了。在公元 78 年给皇帝的报告（《后汉书》详细记录了这个报告）中，他提出"以夷狄攻夷狄"的策略，同时请求派遣一支小型汉朝军队作为多国部队的核心，征服库车。为了证明保持这支特遣队既不会增加帝国的开支，也不会引起当地的困难，这位将军强调了如下事实："叶尔羌疏勒（莎车和喀什噶尔）田地肥广，草牧饶衍"，并意味深长地补充道："不比敦煌、鄯善间也。"

公元 105 年，此时离年迈的班超退役后才几年时间，他曾身任都护的西域发生了叛乱，由于帝国政府此时无意对遥远的西域做出新的努力，匈奴随即恢复了其以前的支配地位。为了阻挡正在敦煌边境进行掠夺的匈奴的攻击，公元 119 年，汉朝将军索班被派往镇守哈密。鄯善王与吐鲁番王立即归附，但几个月后，索班及其小股部队即被匈奴击败，受到严重威胁的鄯善王即向敦煌求助。帝国政府遂置副西域校尉于敦煌，统辖西域。但在朝廷作出此决定之前的审议期间（《后汉书》班勇——班超之子——传中作了详细记录），我们第一次读到了一条与罗布地区及其古地志有关的保护方法。

除任命上述军官指挥敦煌的小部队外，班勇还建议："遣西域长史将五百人屯楼兰，西当焉耆（焉耆）、龟兹（库车）径路，南强鄯善、于阗（和田）心胆，北扦匈奴，东近敦煌。如此诚便。"类似记录见于班勇对朝廷所提问题的回答，更清楚地表明了他建议屯田楼兰的目的，首先是确保对鄯善及通过鄯善的通道的控制：

"今鄯善王尤还，汉人外孙，若匈奴得志，则尤还必死。此等虽同鸟兽，亦知避害。若出屯楼兰，足以招附其心。"

我希望以考古证据来表明随后计划并实际建立的楼兰屯田的位置，是在罗布淖尔以北赫定博士首先发现，我充分调查和探究过的城堡废墟。那也将是考证这个原因的地方：最初代表整个鄯善或罗布的早期名称楼兰，为什么被中国官方用来表示这个特别的地方。

无论如何都很容易看到，那个遗址的位置是多么符合班勇屯田的战略目的。它位于敦煌至孔雀河或焉耆河尾间的直道上，同时控制通往焉耆和库车的通道。在那里驻扎一支汉朝军队，可以确保控制南边的米兰和若羌附近的鄯善。同时，它还完全挡住了可能来自库鲁克塔格以北、以西匈奴对此道的任何袭击。最后，参照地图可知，它到敦煌或沙州的距离，比塔里木盆地至敦煌——中国西域事业真正的基地——道上的任何其他可能永久占领的地方要短。

班勇关于在楼兰屯田的建议并未被立即采纳。但匈奴再次侵略甘肃以后，一次攻击行动于公元123年最后决定，班勇被任命为"西域长史"。次年元月（公元124年2月），班勇到达楼兰，授鄯善王新的头衔以赏其归服。库车王、阿克苏王、乌什王俱来臣服。率领他们带来的大量军队，班勇即兵发吐鲁番，大败匈奴，随后在吐鲁番盆地的鲁克沁设屯田。

次年，班勇指挥由鄯善兵组成的大军，展开了他横跨天山的战役，大胜车师后国——相当于现在的古城（古城子）——与匈奴联军。虽然这里没有特别提到"楼兰"驻军，但《后汉书·班勇传》清楚表明，在其成功战役的开始阶段，作为前沿基地，楼兰所属的鄯善扮演了怎样重要的角色。值得注意的是，攻击吐鲁番和古城的行动，是以使用从罗布向北直穿西库鲁克塔格的道路为先决条件，因为从塔里木盆地到吐鲁番的主道一直为焉耆所阻断，直到公元127年焉耆归服才开通。由于持续的干旱，所有通过库鲁克塔格的道路，现在对于从南而来的任何大军都难以通行（如我们1914—1915年的调查所证明），有些地段更是完全不能通行。

据《后汉书》记载，公元132—134年以后，帝国在西域的影响力渐衰，诸国相互攻伐。关于西域余下时期的记述，则明显缺乏，也未再提到鄯善。但鉴于前文所述时代的根据，没有理由怀疑，中原王朝的治理仍以某种形式或另一种形式存在于帝国边界的大门之外。

第四节 西汉时期楼兰的最早记载

现在，有关罗布的史料，只剩下现存最早的《汉书·西域传》了。在《汉书·西域传》中，关于鄯善的报告格外丰富，这本身就说明，汉朝西进初期，曾将鄯善置于重要的历史和地理位置上。

鄯善国，本名楼兰，王治扞泥城，去阳关千六百里，去长安（即西安府）六千一百里。户千五百七十，口万四千一百，胜兵二千九百十二人。辅国侯、却胡侯、鄯善都尉、击车师都尉、左右且渠、击车师君各一人，译长二人。西北去都护治所千七百八十五里。至山国千三百六十五里，西北至车师千八百九十里。

报告的开始段落特别重要，写道："鄯善国都扞泥城。"在讨论郦道元《水经注》的资料时我们已经阐明，扞泥离罗布淖尔沼泽南岸不远，其位置可能在米兰遗址早期遗迹所示的地方。郦道元认为扞泥即"俗谓之东故城"就反映了这个认识。到其他地方的各种距离计算也大致与其相符。至阳关"千六百里"，而地图表明米兰与敦煌西南南湖之间的距离约 310 英里，折算起来似乎也很合理，因为阳关很可能位于南湖。至阳关的这个距离，使人想起其所指的路线，是从敦煌沿阿尔金山最北缘至罗布地区。这条路现在仍是到这个沙漠地区的可选路线之一，而且是夏季商队唯一可行之路。但如果这个距离假定是以沙漠道计算，结果就略有不同，因为从米兰到我的探险表明为古长城玉门关的地方的距离，从地图计算大约也是 295 英里，从那里到南湖或阳关还有约 30 英里。

至其他地点的距离检测起来多少要困难一些，因为这些路线的中间地段没有被同样清楚地确定。至于都护治所乌垒，可以到库尔勒西大路上的今策大雅周围去寻找，假定到那里的路线主要是沿塔里木河与孔雀河而行一定不会错。自罗布地区到库尔勒的所有交通仍在使用此道。西北这个方向当然也正确，而且大约320英里（如赫尔曼博士的地图所示）的距离与文中的"千七百八十五里"没有严重不一致，按现在道路计算，为十七日行程。

"山国"只能大致位于西库鲁克塔格。如果它位于辛格尔这个唯一实际耕作的、规模最小的地方是对的，我们就能说明估计的1 350里距离，是按（像现在一样）沿塔里木河而上至附近的吐鲁番喀拉乌勒、然后向西北经营盘遗址这样一条路线计算得出。罗布到吐鲁番最直接的路线，如最近仍在使用的，是通过辛格尔，而由于后一地方与老吐鲁番都城相隔约110英里，所以假定鄯善到车师的"千八百九十里"距离是按这条路线计算所得，则是可能的。但必须记住，古代干旱不像现在这样严重，其他通过库鲁克塔格的路线也可通行，而且无论如何，将车师放在鄯善西北，方向是错误的，这必须引起警惕，我们的这些史料并不十分可靠。

《汉书》所载鄯善或楼兰的人口相当多——"户千五百七十"，将近于阗（和田，3 300户）的一半，接近且末（230户）的7倍——考虑到该国土地和资源情况，这一现象更要引起注意。该国"地沙卤，少田。寄田仰谷旁国。国出玉，多葭苇、柽柳、胡桐、白草。民随畜牧逐水草。有驴马，多骆驼。能做兵，与婼羌同"。

这些描写中，我发现对罗布地区的主要特征表述得相当精确：广袤的流沙区，以生长芦苇和红柳灌木丛为主的尾闾河床与浅湖附近宽广的盐碱地，狭长的耕作区。我们清楚看到，像现在一样，那时不断移动的河道，为灌溉带来很大困难，极大地限制了农业的发展。丰富却含盐的塔里木河水及其最后支流消失于这块流沙与沼泽地组成的三角洲。这一陈述更证明了古代主要的永久定居点位于相同的有限地点这个推测。这些地方现在仍然保持着农业，虽然由于干旱的加剧极大限制了规模。

如下重要事实由于《汉书》的报告而凸显出来：相当比例的人口后来肯定与今天一样全部从事牧业，不论是河边地带还是南边的山区。正是这种牧民和渔民生活机会的存在，大概在18世纪吸引来了现代的罗布人。根据可靠报告，他们由吉尔吉斯和卡尔马克移民和真正的游牧民所组成。[1] 同时，如此缺少资源，却拥有可观的人口，可以肯定地认为这是鄯善国土广阔的标志。强调这一点似乎是合适的，否则对"楼兰遗址"是否包括在鄯善国内（虽然它的首都远在南边的米兰），就可能感到怀疑。

对使我们能够将罗布地区的历史从现代和中世纪追溯到纪元最初几个世纪的记载的考证，我认为已经很清楚，在这整个漫长的历史长河中，罗布的主要永久拓居地位于今塔里木河与车尔臣河尾闾湿地线以南，它们的存在归功于仅能保证大山缓坡脚下的耕作的小河。情况是否也与西汉史料所载迄今为止追溯到的最早

　　1　我的几个叶尔羌和喀什噶尔随从认为罗布人的方言和西北山区吉尔吉斯人所讲的突厥语相似。

时期相同，还有待确定。在考证这个问题时，需要特别小心。因为赫定博士楼兰遗址废墟的发现，最早促成了关于罗布淖尔湖床大变迁的讨论，然而这种讨论却使这个问题变得更加不清。所幸《汉书》关于这一时期鄯善或楼兰的信息比较的丰富。我们认为这归因于鄯善异常重要的地理位置，它是中原王朝早期进入塔里木盆地及其以西政治与贸易之路上的关键。

鄯善或楼兰传所载这次扩张的早期事件是如此之多，我们这里只考虑与罗布淖尔地区的历史地理直接相关的几点就足够了。出使西域的张骞回国后，武帝就开始了系统的反击匈奴的行动，占领了甘肃的最西部（约公元前121年），接着将"长城"延伸到敦煌以外。中原王朝与大宛（费尔干纳）诸国的交往开始频繁起来，"使者相望于道，一岁中多至十余辈"。《汉书》继续写道："楼兰姑师当道，苦之，攻劫汉使王恢等，又数为匈奴耳目，令其兵遮汉使。"这些冲突迫使武帝派遣将军赵破奴率军远征当事国，以示惩罚。公元前108年，赵破奴与七百轻骑先至，"虏楼兰王，遂破姑师，因暴兵威以动乌孙、大宛之属"。

对与此次远征有关的楼兰的记载，虽然简短，却自有其地理方面的价值。显然，楼兰位于从敦煌到大宛或费尔干纳的"大道"上，而且它的态度对中原王朝前往"大宛诸国"的政治和贸易使节的安全特别重要。为了更精确地确定那条大道的方向和楼兰的位置，有必要确定姑师国的位置。姑师人曾帮助楼兰攻击汉使王恢等，也帮助匈奴拦截其他汉使。现在，所有涉及《汉书》这条记载的汉学家都假定姑师就是其他地方所称的车师，即吐鲁番，而且根据前一段清楚的叙述，公元前73年至公元前49年汉朝征讨成功后，姑师被分为"车师前后王"，鉴于此，这个认识可认为是确定的。[1]

因为这一点得到公认，我们了解到该地区实际地志的记载所提供的证据，将得出几条结论。首先，如果有必要在征服姑师之前先征服楼兰，那么楼兰一定位于罗布淖尔附近，因为历史时期只有这里具备可以形成一个"国"和用作进击吐鲁番的基地的自然条件。对汉朝的军事行动而言，从敦煌边界出发到吐鲁番，必走罗布淖尔道。至于另一条通过东边很远的北山沙漠道，我们从《汉书》的记载中知道，直到公元1—5年才开通。[2]因此推知，汉朝的远征先经罗布淖尔，而那时的楼兰肯定与罗布地区大致相当，如我们证明鄯善的位置也大致如此。

另一方面，由于与公元前108年汉朝西征以前事件有关系的大道易遭受来自楼兰与姑师（吐鲁番）两边的阻碍，所以这条路线一定位于罗布淖尔以北。汉朝使节可利用的唯一路线，就是曾使"楼兰"遗址东连长城终点，西连塔里木盆地北缘绿洲的那条路线。参照地图，这条交通线肯定曾面临来自焉耆和正北方吐鲁

1　在提到汉朝分别于公元前99年和公元前89年两次征伐车师时，《汉书》关于车师或吐鲁番的报告明确谈到雇用了楼兰兵，且显然作为主力，这正好说明这个过程是在赵破奴的征讨之后，先定楼兰，再击姑师即吐鲁番。

2　我们在《后汉书》中发现更后的路线：从敦煌经伊吾（哈密）到高昌或吐鲁番，这条道于公元73年后开通，是除鄯善道之外另一条入"西域"的主道。

番两面匈奴的袭击。有关公元前108年西征的记载所指的，正是这类事情。

从匈奴占据的天山北部和尤勒都斯峡谷大牧区很容易进入焉耆，因此焉耆肯定总是匈奴侵入塔里木盆地特别方便的门户。[1] 从那里派出的拦截汉使的匈奴部队能够最有效地控制那一段西经楼兰的通道，假定楼兰这个词像中世纪和现代的罗布一样是指包括罗布淖尔附近整个塔里木河三角洲的地区。这种步骤的一个明确的例子是，公元前104年，匈奴曾企图在楼兰驻扎一支骑兵，以切断汉朝征大宛军的退路。

但此道肯定同样面临着来自吐鲁番的匈奴的袭击。如果参照科兹洛夫上校和罗博罗夫斯基上尉的探险队1893—1895年吐鲁番和罗布淖尔考察图，就会看到，至少还有三条小道可以利用，这三条小道通过吐鲁番正南的库鲁克塔格荒原。它们都与南面山脚下的古道垂直相交。事实上，就像楼兰遗址东北阿提米什布拉克的那些泉水一样，这些小道赖以维系的仅有的几条泉水现在是咸的，所以只有在冰冻后可以饮用时，才可使用。但和水有关的这些困难在古代肯定没这么严重，那时的干旱还不到今天这个程度，而且我以为，从那时起小股部队就可以从几个地方通过库鲁克塔格中部。这样从敦煌到罗布淖尔北部的古道似乎也曾面临这

1　值得注意的是，据《汉书》记载，在汉朝征服匈奴以前，某匈奴王曾置"童仆都尉，使领西域，常居焉耆。赋税诸国，取富给焉"。

里匈奴的侧面攻击。

关于这一点，在张骞的报告中可以找到合适的参考，司马迁《史记》也有相同的记载，它也将姑师即吐鲁番与罗布淖尔联系起来。在关于塔里木盆地的地理概述中我们被告知，"楼兰、姑师临盐泽（即罗布淖尔）"，意思是其地达罗布淖尔（金斯米尔）。沙畹先生译为：les royaumes de Leou-lan et Kou-che ont des villes munies de remparts intérieurs et extérieurs et sont voisins du marais salé，即说两国位于此泽旁。但在释评中，他特别强调如下事实：中国文献的用词并不是说两国的国都必须紧靠着罗布淖尔。

考虑到明显的地理事实和上文所述姑师即车师或吐鲁番，就后者而言，我们必须接受沙畹先生的解释：文献中的临近罗布淖尔只意味着由大道易于接近此泽。我希望我的地志讨论已完全讲清楚这个事实。至于楼兰，肯定被假定更临近"盐泽"得多；但张骞的报告对更精确地明确该国的范围和其首府的位置，并无帮助。

第五节　楼兰更名为鄯善

现在我们可以继续该书所载与鄯善有关事件的概述。赵破奴的远征（公元前 108 年）成功地迫使楼兰臣服"贡献"。但匈奴听到后，即发兵攻击楼兰，书中写道这时楼兰王很有特性地"遣一子质匈奴，一子质汉"。在汉朝西进过程中，这个小国被突然强加上了重要的战略地位。楼兰王采取这种暧昧态度是很容易理解的，因为根据《汉书》的记载，紧跟着赵破奴的西征，坚固的、称作长城的边界线就从酒泉或肃州延伸到了玉门关。我的调查表明，这就是公元前 2 世纪末以后在敦煌以外建立的最西段边境上的烽燧，它们恰巧处在从敦煌至罗布地区这条特别的路线上。

几年以后，武帝开始派兵远征大宛或费尔干纳。在这次事件中，楼兰再次凸显出来。《后汉书》告诉我们："贰师将军击大宛，匈奴欲遮之，贰师兵盛不敢当，即遣骑因楼兰候汉使后过者，欲绝勿通。"这里提到的远征很可能是公元前 104 年贰师将军李广利的首次西征，两年后因损失惨重，无功而返，被迫退至敦煌。

书中继续写道：

时汉军正任文将兵屯玉门关，为贰师后距，捕得生口，知状以闻。上诏文便道引兵捕楼兰王。将诣阙，簿责王。对曰："小国在大国间，不两属无以自安。愿徙国人居汉地。"上直其言，遣归国，亦因使候伺匈奴。匈奴自是不甚亲信楼兰。

这个事件，与楼兰大致相当于后来的鄯善或罗布这个推测完全相符。对要从费尔干纳返回到敦煌的汉朝军队而言，通往罗布淖尔北部和库鲁克塔格山脚的道路显然是最近的撤退路线。在楼兰或罗布范围内，也只有这里，才是匈奴最有机会完全切断或至少严重阻挡汉军的地方。我们知道，贰师将军回到了汉朝边境，虽然部队只剩下"十一二"，但我们没有被告知他的退却和任文的伐楼兰王之间精确的年代关系到底是什么。

无论如何，这段记载的主旨表明了这支汉朝军队到达楼兰的时间，多少比贰师将军的西征要晚一些，而且不是为了援助贰师将军。如果这个解释正确，那么提到的抓获楼兰王的这支部队所走的"便道"，可能就比较重要了。考虑到确定的地理和考古事实，以及上文已经说明的后汉以后罗布的"都城"的位置，我不禁推测，"便道"的提出，暗示着另一条道的存在，它和我们已经看到的、以前汉朝使节和探险队可能走的、罗布淖尔北部的那条不同。如果我们假设从那时起，楼兰的中心就位于罗布淖尔沼泽以南的米兰—若羌一带，那么这条特别提起的便道就变得完全可以理解了。因为很清楚，如果楼兰都城处在这个地方，那么通往那里的最近便的道路，就是现在敦煌—若羌的商道，而不是连接敦煌边境和楼兰遗址废墟所示的罗布淖尔北部故居住地的那条路线。

任文伐楼兰之后，汉朝暂时取得了对楼兰的完全控制。大约公元前101年至公元前100年，贰师将军二征大宛，获得全胜。他途经楼兰时未遇任何阻挡就证明了这一点。考虑到根据司马迁的证言，贰师将军率兵"出敦煌者六万人，负私从者不与"，要确保对罗布淖尔地区的控制，相信不会很困难。以后我将有理由谈到如此庞大的军队穿过沙漠区时遇到的真正的严重困难。汉朝在遥远的中亚取得惊人的成功之后，我们被告知，"西至'盐水'（即罗布淖尔），往往有亭"。这个方法无疑是从敦煌和楼兰间获得的运输经验中总结出来。按照我们在该书中读到的记载，公元前99年，楼兰为汉朝击车师或吐鲁番提供过军队。公元前89年，楼兰的一支分遣队被派去攻打吐鲁番，以帮助汉朝军队攻打天山北部的匈奴。自此车师王臣服于帝国。

其时，公元前92年，楼兰王死。汉王朝认为，楼兰王的质子正受到法律的制裁，让其回国并不合适，于是另立次子为王。当后王死时，"匈奴先闻之，遣质子归，得立为王"。汉诏其入朝，鉴于被派往长安做质子的两个皇室成员都不曾返回，新王自然要求推迟入朝的时间。《汉书》然后续道："然楼兰国最在东垂，近汉，当白龙堆，乏水草，常主发导，负水担粮，送迎汉使，以数为吏卒所寇，惩艾不便与汉通。后复为匈奴反间，数遮杀汉使。"这段话对罗布地区的古地理特别重要，因为它清楚讲明了楼兰国的东界，也指明了使用从敦煌经白龙堆这条道要克服的严重困难，无论是出于军事还是商业目的。

汉代及其以后相当时期自敦煌经沙漠至楼兰干道上的详细地理情况，首先由我1914年冬的探险整理出来。我的第三次中亚探险简报已对主要结果作了简要介绍，这篇简报刊载在皇家地理学会的会刊上。这些探险的完整报告，以及使我能够肯定地追踪中国内地至楼兰古道的考古证据的完整报告，无论如何，只有等待我1913—1916年探险的详细报告。同时，我必须在这里提一下上述简报，并对《汉书》谈到的那个特别地点作一番叙述，心里才会感到踏实。

我相信，"白龙堆"一名，从此道开辟之初，就被中国人用于古罗布淖尔干盐床东北那个特别所在。那里一串串有盐壳的土台，无疑都是由风蚀作用从早期地质时期的湖底雕刻出来。这些土台互相平行，呈北—北东至南—南西方向排列，在包上盐壳的古湖床东西两岸延伸相当距离。它们形状奇特，相互之间却又奇迹般地相似，在中国人眼中，很容易看成"无头有尾的土龙。高者两三丈（20 或 30 英尺），低者丈余（10 英尺余）。皆东北向，形状相似"。成书于公元 3 世纪的《汉书》的中国注释家是这样精确而形象地描述它们。

这些富盐的岩滩，成为曾经水草丰美的楼兰地区最东缘以外两站地荒原上最显著的特征。从这里通过的古道，《魏略》称之为"中道"，从敦煌直达库车。这解释了为什么《魏略》要将"龙堆"紧放在"故楼兰"之前。我 1914 年的探险证明，在故汉道即《魏略》所述的中道上，120 余英里的地段汉代时就是由盐、黏土和沙砾构成的干旱的沙漠。疏勒河谷尾闾至罗布淖尔古盐湖床最东端之间的狭长洼地上，至今仍见泉水溢流；支流库鲁克达里雅现已完全干涸，但那时它的三角洲延伸到楼兰拓居地以北，包括废弃的楼兰城堡。这片可怕的荒漠就介于上述泉水线与库鲁克达里雅到达的最远点之间。

就是为穿越这片绝对贫瘠的、缺乏水草的沙漠，中原王朝的使节需要最近的楼兰人在白龙堆附近向其提供向导，负水担粮。即便如此，古代中国的运输组织者是如何在如此广阔而毫无资源的恶劣环境中成功地保持包括大群人马往来的交通，多少还是一个问题。无论如何，《魏略》的这段话表明，中国当时强大的护送部队对枯萎的罗布湖床北部古道的使用，给半游牧的罗布人带来了什么样的困难。

　　现在我们可以转向《汉书·鄯善传》的结尾。它值得特别注意，因为它说明了罗布地区的这个名称如何被用来代替早期的"楼兰"之名。上文已经谈到楼兰王为匈奴反间，多次遮杀汉使。其弟尉屠耆臣服于汉，生活于汉朝。公元前77年，显然是受其鼓动，汉王朝派高级官员傅介子奉命前去刺杀楼兰王。挑选几名勇士，并宣示将进行友好外交，之后，傅介子开始前往楼兰。到楼兰后，他"诈其王欲赐之，王喜，与介子饮，醉。将其王屏语，壮士二人从后刺杀之，贵人左右皆散走。傅介子告谕以'王负汉罪，天子遣我诛王，当更立王弟尉屠耆在汉者'。汉兵方至，毋敢动，自令灭国矣"。楼兰王的头被砍下，并"悬首北阙下"（显然是在汉朝的都城）。"乃立尉屠耆为王，更名其国为鄯善，为刻印章。"

　　尉屠耆被赐以汉朝宫女为妻，文武百官为其壮行。显然，为确保尉屠耆的安全，仅凭授予如此地位是不够的，因为据说在离开时，这位新王"自请天子曰：'身在汉久，今归，单弱，而前王有子在，恐为所杀。国中有伊循城，其地肥美，愿汉遣一将屯田积谷，令臣得依其威重。'于是汉遣司马一人，吏士四十人，田伊循以镇抚之。其后更置都尉。伊循官置始此矣"。

在说到郦道元《水经注》上的材料时，已经讨论过《汉书》中关于罗布地区古地理的基本资料。我们已经知道，伊循城，郦道元将其放在塔里木河与车尔臣河合流以后的河道以南，而且那时已成为鄯善的都城，肯定位于今若羌。它还证明，被《汉书》称为鄯善或楼兰都城的扜泥城，在郦道元时代被称为东故城，它的位置，就在米兰古址。《汉书》中关于伊循屯田起因的报告，与这些位置完全一致，因为沙畹先生已正确认识到，选作屯田的地点，必须离都城不远，才能提供鄯善新王需要的支持。

《汉书》的这个证据使我们感到可以确定，自公元前 77 年以降，鄯善国（相当于中世纪和现代的罗布）的国都，就在现在的若羌地区。它也提供了该国的国名从原来的"楼兰"变为"鄯善"的明确日期。但该书并没有暗示随着国名的改变，都城的位置也发生了相应的改变。但是，既然出于不同理由，这个观点被沙畹先生和其后的赫尔曼博士提了出来，对此问题似乎就有必要更加严密地加以考证。

促使沙畹先生谨慎地提出公元前 77 年发生过迁都的理由，是难以与别的证据保持一致的。一方面，伊循的位置被确定在塔里木河尾闾河道以南，而且后来的记载也将鄯善放在同一地区的若羌附近；另一方面，他又认为楼兰的位置要么在辟展，要么在拉甫乔克，而这两个地方却都在哈密—吐鲁番道上。无论如何，我们已经看到，这个位置是以一个误解为基础的。事实上，《魏略》所述的"中道"上的"故楼兰"，就是罗布淖尔以北但还处在罗布地区以内的"楼兰遗址"。1900年，赫定博士首先发现了它们。对这些遗址的调查，获得了决定性的考古证据，它们使我相信，《魏略》的作者所知的公元3世纪中期的"中道"，通过这个遗址，而且直到大约公元4世纪中叶才告废弃。从该遗址获得的文书表明，那些废墟所示的中原王朝的军事驻地，在公元3—4世纪当地的汉文记载中，实际上称作"楼兰"。

这表明《魏略》和郦道元《水经注》中使用的资料将楼兰之名用于守卫那时罗布淖尔北边道路的中国屯田是正确的。"楼兰"之名被沿用于这个特定地点。但将此视为整个罗布地区或楼兰（公元前77年以前中国人如此称呼）的都城肯定也必然位于那里的证据，则不能令人接受。最多只能假定，中国人为罗布的这个地方沿用了或重新启用了古代的名称——楼兰。从敦煌往西，最直接的路线通过这里，而且这个地方后来对他们特别重要。同时，新的正式名称"鄯善"，为该国的都城位于罗布淖尔以南的尾闾塔里木河找到了原因。[1]

另一方面，沙畹先生和其后的赫尔曼博士提出的都城南迁，面临着一个推想与之有关的政治变迁方面的困难。毫无疑问，记载中发生于公元前77年的这次变迁，是中原王朝要加强对罗布淖

---

1 无论是古老的还是现代的汉文命名法，都使用早期的地名来明确表示一个地区的某个部分，虽然无疑与该名称原来的用法有所不同。因此，当现在的于田县于19世纪80年代从和田州分离出来时，得到了于阗这个正式名称，虽然新疆所有受过教育的中国人完全知道这是和田（现在官方称和阗）的古名。

尔的控制。所有地理和历史原因都指向如下事实：在汉代，对中国人具有重要战略意义的地方，是罗布淖尔沼泽以北库鲁克塔格山前地带，因为敦煌和塔里木盆地北部绿洲之间最直接的路线通过这一地区。若将公元前77年以前楼兰的首府放在这里，显然让其保持下来有利于中国的政策，因为在那条军事和贸易之路上提供新王所需的支持与控制，比远在罗布淖尔以南的伊循屯田来得更为容易。中国与中亚关系的整个经历表明，与别的地方一样，在这里发展经济的努力总是具有其特有的战略与治国的特色。

我认为，漠视《汉书》"鄯善国，本名楼兰"这句清楚的陈述，似乎不大妥当。后汉至唐代的所有汉文史料都正确地坚持表明鄯善位于罗布，而且将其首府置于罗布淖尔以南。我们也看到，鄯善国都的这个位置受到尽管都已变迁却持续至今的自然条件的支配。鉴于后期历史证据的一致性，与其完全相符的《汉书》的证言就愈发可信。而且其可信度因如下事实而相应加强：公元前77年楼兰更名鄯善的事件，与班固编著现存文献《汉书》的时间，大约只相差一个半世纪（公元92年）。

我们已对有关罗布地区的最早的汉文记载做了一番考证，得出了一些地理和古物方面的结论。这里将其作一简要概述是合适的。首先，后来改为鄯善的楼兰之名，广义上相当于中世纪和现代的罗布，并被用于包含整个库鲁克塔格和阿尔金山之间的洼地的地区，拥有塔里木河、车尔臣河和孔雀河的末端河道，以及它们流入的罗布淖尔沼泽。这个地区的人口主要从事牧业。主要农业区限于今若羌，那里有来自南面雪山的小河，它们保证了永久灌溉的可能。自公元前77年以来，当然也可能更早，这个地区的政治中心——米兰遗址代表的都城扜泥，和今若羌附近的伊循及其中国屯田——就位于那里。

像今天一样，有两条交通线将该地区与敦煌和"长城"以内中国边境的最西部相连。比较长且较少使用的一条是沿阿尔金山最北缘的古道。另一条经行今敦煌—若羌附近敦煌烽燧最西点以外的沙漠洼地，然后到达罗布淖尔干涸的、结有盐壳的古湖床的最东缘，即现在的库姆库都克附近。从这里，这条交通线一分为二。一条像现在一样向西南沿古代"盐泽"的南岸至扜泥（米兰）和伊循（若羌），然后西至和田。

另一支大致转向西—西北，经"盐泽"东北缘，过完全无水的大地峡，至孔雀河故末端河道，即现在的库鲁克达里雅（干河）。楼兰遗址废墟表明那里存在过一个拓居地，由于中国内地和塔里木盆地北部绿洲之间最直接的路线通过那里，因而这个拓居地曾相当重要。发现于这些废墟的文书证据证明，公元3—4世纪时，这个遗址是中国的一个屯田基地，它沿袭了古代名称楼兰。从这里开始，相当于《魏略》所述的中道的敦煌—罗布道的北支继续向西北沿库鲁克达里雅，然后经由仍然有水的孔雀河的河床而去。1896年赫定博士首先注意到那里有一线古烽燧，它们仍标示着通往塔里木盆地北缘绿洲的这条古代大道。

　　从与中国政治和贸易西进的主要趋势有关的各种原因来看 [1]，可以推断，为其服务或由其产生的交通，主要是把中道作为连接中国和西域的最直接的路线。就对此交通线的影响而言，库鲁克达里雅沿岸地区，包括故楼兰遗址驻地，肯定是罗布最重要的地方。这也许有助于解释早期的名称楼兰为什么会幸存下来。但撇开这个交通问题不论，《汉书》和所有以后的中文史料都清楚表明，罗布的经济和政治中心位于南边，即现在的若羌地区。如果这是公元前77年以后和经楼兰遗址的中道成为贸易和政治军事使节的主要通道的整个时期的情形，那么，相同的情况甚至更像是早在中西关系的发展推动楼兰或罗布成为伟大交通要道重要一环这个角色之前开始的。

　　1　最显著者之一，是乌垒的位置，西汉时期，西域都护府的府治就在乌垒。乌垒肯定位于库车和库尔勒之间，要么在策大雅、阳霞，要么在布古尔（今轮台——译者），又因三个地方都是小绿洲，所以将代表中原王朝在塔里木盆地的权力的长官的驻地选在这里，理由只能是通过这里的大路的重要性。